THE TRAVELLER'S GUIDE TO CLASSICAL PHILOSOPHY

文明的起源

西方古典哲学漫谈

[英] 约翰·加斯金 著　翁海贞 译

華中科技大學出版社
http://www.hustp.com
中国·武汉

有书至美
BOOK & BEAUTY

图书在版编目（CIP）数据

文明的起源：西方古典哲学漫谈/（英）约翰·加斯金（John Gaskin）著；翁海贞译.—武汉：华中科技大学出版社，2021.1

ISBN 978-7-5680-3647-4

Ⅰ.①文… Ⅱ.①约… ②翁… Ⅲ.①古典哲学－研究－西方国家 Ⅳ.①B502

中国版本图书馆CIP数据核字（2020）第232919号

Published by arrangement with Thames & Hudson Ltd, London,

Pen drawings by John Kaine

Diagrams and maps produced by ML Design

This edition first published in China in 2021 by Huazhong University of Science and Technology Press, Wuhan City

湖北省版权局著作权合同登记　图字：17－2020－170号

文明的起源：西方古典哲学漫谈

Wenming de Qiyuan: Xifang Gudian Zhexue Mantan

[英] 约翰·加斯金 著

翁海贞 译

出版发行：华中科技大学出版社（中国·武汉）　电话：(027) 81321913

北京有书至美文化传媒有限公司　电话：(010) 67326910-6023

出 版 人：阮海洪

责任编辑：莽 昱 李 鑫

责任监印：徐 露 郑红红　封面设计：邱 宏

制　作：北京博逸文化传播有限公司

印　刷：北京华联印刷有限公司

开　本：889mm×1194mm　1/32

印　张：6

字　数：120千字

版　次：2021年1月第1版第1次印刷

定　价：59.80元

本书若有印装质量问题，请向出版社营销中心调换

全国免费服务热线：400-6679-118　竭诚为您服务

目录

致读者

本书内容源自即兴演讲。自2002年以来，我每年在小亚细亚地区的希腊剧场讲演古典哲学，由于得到一些听众的鼓励，我决定将这些实则更适合以口头语言表达的东西印为文字。

相比之下，书写文字比演讲更详细，结论可能也更谨慎。然而，内容的大体结构没有变动，行文的宗旨也依然如故：我希望人们能够更多地了解文明的源泉，这些最初的思想值得关注，人们应当重新认识它们与现代人的关联。

阅读方式与内容

本书包括三部分，这些部分的安排不讲究顺序，读者可以随意翻阅，只有第二部分各章之间彼此有内在连续性。

第一部分简单地探讨五个主题，涉及旅行者参观古代遗址时可能碰到的问题。开头两章仅构成一幅草图，读者日后实地旅行之时，可以再增添细节。

第二部分以历史顺序介绍哲学家。前两章讲述特洛伊和荷马。读者可能会说，从狭义上讲，这两者不该纳入哲学家行列。然而，不可否认的是，后人的所思所想都蕴含这二人的影子。第十章则试图给出一些线索，回答这个问题：一切如何终结？

第三部分为古地名索引，专门介绍了来自这些地方的男性（遗憾的是，只有一位女性）。

希腊语与拉丁语

希腊语词尾-on（譬如Pergamon），在拉丁语中演变为-um（譬如Pergamum）；希腊语词尾-os（譬如Ephesos），在拉丁语中演变为-us（譬如Ephesus）。本书依据现代英语的习惯用法，交替使用这两种拼写。拉丁语与希腊语的地名迥异时，文中提供两种拼法，或者直接采用较常见者。

资料与引文来源

书中引用无数古人的精简言辞，原文的出处可从上下文来理解。独立式的引文大多摘自哈佛大学出版社的洛布古典丛书，这套令人尊敬的文库自称是“现行仅有的一套丛书”，“它通过原著与英译本，让人能接触到希腊和拉丁文学中的一切重要作品。”本书中有些引用经过缩写或改译。

古代的文学作品，无论长短，通常分为“卷”，也即一卷纸莎草所能容纳的文字，印刷成现代书籍大约是较长的一章内容。但凡适用之处，我会标明引文的卷数与章节。

第一部分

希腊精神的理念：希腊人的创造

第一章

万物的整体格局

历史涉想诚有妙趣，只是年代和事实往往被视为过于繁琐。然而，若无这两者，我们对过去的经验便会失去依附的结构和框架。就古典时代而言，下面这一段简明的历史概述或许有些帮助。这段历史始于公元前8世纪爱琴海地区与希腊大陆的独立的希腊人城市，继而简单地描述希腊精神如何通过希腊人开辟的海外定居地而传播。这段历史接着讲述亚历山大的征战、其继位者的统治以及罗马人对希腊文化总体上无害的态度。然后，我们逐步观看罗马帝国缓慢的解体过程，探讨古典主义如何在公元4世纪最终衍化为拜占庭的基督教。

古风时代：伊奥尼亚的城市和定居地，约公元前750—公元前547年

这个时期，无数自由独立的希腊小城十分繁荣，最强盛者是米利都（Miletus）。希腊人到海外开辟定居地，诸如黑海、马尔马拉海（Sea of Marmara）、小亚细亚、北非、意大利南部等沿海地区。后来，吕底亚（Lydia）成为小亚细亚西部最强的大陆势力。

约公元前750—公元前675年，荷马创作《伊利亚特》《奥德修斯》。

赫西俄德（Hesiod）的写作时间。

约公元前625—公元前547年，米利都兴盛，泰勒斯（Thales）等哲学

家开始追问宇宙的物质本质。

公元前560—公元前547年，克罗索斯（Croesus）成为吕底亚国王。

公元前547年，波斯国王居鲁士大帝（Cyrus the Great）征服吕底亚以及无数伊奥尼亚城市。

古典时代：波斯战争、雅典和斯巴达，公元前547—公元前334年

这个时期通常被视为古典时代的核心时期，主要事件是波斯与希腊各城联盟之间的战争、雅典的文化成就、雅典与斯巴达的伯罗奔尼撒战争。这个时期最后70年的历史，见证波斯与希腊各城类似冷战的局面，小亚细亚西南部的卡里亚（Caria）出现赫卡托姆努斯王朝（Hecatomnid），名义上服从波斯，实则颇为希腊化。哈利卡那索斯（Halicarnassus）的摩索拉斯王陵（The Mausoleum）就是这个王朝最著名的产物。希罗多德（Herodotus）的史书为我们提供关于波斯战争的历史。

公元前499年，伊奥尼亚人起义，反叛波斯统治。

公元前494年，希腊舰队在拉德海战（Battle of Lade）溃败，米利都被洗劫。

公元前490年，波斯首次远征希腊大陆，大流士（Darius）为统帅。波斯军队在马拉松战役（battle of Marathon）溃败。

公元前480年，波斯第二次远征希腊大陆，薛西斯为统帅。斯巴达人在德摩比勒隘口（battle of Thermopylae）激战，最后全军覆没。波斯舰队在萨拉米斯海战（sea battle of Salamis）丧失绝大部分船只。雅典人从雅典城疏散，“老卫城”被波斯军队摧毁。薛西斯返回亚洲休养，

波斯军队在塞萨利过冬。

公元前479年，希腊人反攻，在普拉提亚（Plataea）陆战和决定性的米卡勒海角（Cape Mycale）海战中胜利。

公元前478—公元前431年，雅典帝国崛起，伯里克利的时代，帕特农神庙竣工，伟大的戏剧家在雅典活跃，雅典民主制兴盛。

约公元前467年，攸里梅敦河（Eurymedon）陆战和海战终结波斯对希腊的主动威胁。从此，波斯国王靠黄金和外交手段维持其西方的帝国。

公元前432—公元前404年，据修昔底德记载，这是雅典与斯巴达进行伯罗奔尼撒战争的时间。最后，公元前404年，雅典全面溃败。

公元前404—公元前347年，柏拉图活跃于雅典。

公元前404—公元前334年，希腊大陆（斯巴达）与波斯进行长期冷战式武装对抗。

公元前399年，苏格拉底之死。

公元前377—公元前334年，卡里亚的赫卡托姆努斯王朝，将名义上的波斯宗主国希腊化。

马其顿的亚历山大大帝与波斯帝国的灭亡，公元前334—公元前323年

公元前340—公元前323年，亚里士多德活跃于雅典。

公元前344年，格拉尼库斯河战役（Battle of Granicus），亚历山大征服小亚细亚。

公元前333年，伊苏斯战役（Battle of Issus），亚历山大征服埃及。

公元前331年，高加米拉战役（The battle of Gaugamela），波斯国王大

流士三世溃败逃跑，终结战争。亚历山大启程东征。

公元前323年，亚历山大大帝在巴比伦逝世。

公元前322年，亚里士多德在卡尔基斯（Chalcis）逝世。

希腊化时代与罗马崛起，公元前323—公元前31年

亚历山大逝世后，其手下将领与同伴割据他征服的广袤土地。这个分割过程并不和平、顺利。这一事件使希腊文化传播到地中海东部的广大地区，远至印度边境。在他的继承人当中，最突出的是统治埃及的托勒密王朝（Ptolemies）和统治小亚细亚及现代阿富汗的塞琉古王朝（Seleucids）。简直如同意外，小亚细亚西部竟演变为独立王国，统治者是帕加马富裕而古怪的阿塔罗斯氏族（Attalids），其末代国王阿塔罗斯三世，以卓越的先见之明，临终之时将王位传给罗马。

公元前331年以来，雅典成为西方世界的哲学首府。柏拉图、亚里士多德、伊壁鸠鲁派、斯多噶派在这里开办学院。

公元前146年，马其顿与希腊大陆成为罗马行省。

公元前130年，设立罗马亚洲行省（小亚细亚）。

公元前88—公元前85年，庞度斯国王米特里达梯六世（Pontus, Mithridates VI）侵吞罗马亚洲行省。希腊各城或支持他、或支持罗马，结果也是利弊参半。

公元前44年，尤利乌斯·恺撒（Julius Caesar）遇刺。

公元前44—公元前31年，罗马内战，马克·安东尼（Marcus Antonius）先是对敌谋杀恺撒的元凶布鲁图斯（Brutus）、卡西乌斯（Cassius）

（公元前42年，马克·安东尼赢得腓力比战役），继而对敌恺撒的养子屋大维（Octavius）。

公元前31年，阿克提姆海战（Battle of Actium），屋大维成为罗马世界的主宰。

公元前30年，埃及托勒密王朝末代法老、安东尼的同盟克莉奥佩特拉（Cleopatra）自尽。

罗马治世：罗马帝国，公元前30年—公元2世纪

公元前30年，屋大维开始将罗马共和国转变为帝制。公元14年，奥古斯都（屋大维）逝世。继后80年间，相继出现无数迥异的统治者，他们或恶劣可憎，或才略不凡、成就卓越。而就领土而言，罗马帝国不断扩张，未曾遭遇任何重大的挑战。

公元2世纪，或被称为"治世"，富有才略与奉献精神的人相继统治罗马的鼎盛时代。他们的帝号与在位时间如下：

公元96—公元98年，涅尔瓦（Nerva）

公元98—公元118年，图拉真（Trajan）

公元118—公元138年，哈德良（Hadrian）

公元138—公元161年，安东尼（Antoninus）

公元161—公元180年，马可·奥勒留（Marcus Aurelius）

读者会在下文反复看到哈德良的名字。从英国东北部的北泰恩（North Tyne）到埃及南部的阿斯旺（Aswan），都遍布他的足迹。他装饰城市、美化世界、征战并保卫疆域辽阔的帝国。然而，哈德良死

后不到20年，北方的威胁势力再度出现。因此，著名的斯多噶派皇帝马可·奥勒留不能放纵闲游的雅兴，须为捍卫帝国而烦恼。诚然，他的内心依然静穆。

危机与分裂，公元200—公元395年

公元3世纪，罗马帝国貌似随时可能四分五裂。然而，割据的局面一直未曾出现。军队扶持一连串软弱的皇帝，但他们的在位时间都极为短暂，未能留下任何政绩。哥特人（Goths）从北方压境，罗马人艰难抵抗，终于将之击退。日耳曼部落的威胁势力也愈发滋长。基督教徒遭受不定期的偶发性迫害，从而导致帝国民心涣散。社会经济普遍混乱。

公元285年，戴克里先（Diocletian）继位，公元305年禅位。他以不懈的努力改革帝国的经济与政治体制，重振古老的宗教制度。君士坦丁大帝（Constantine the Great，在位时间为公元306—公元337年）接替戴克里先，完成他的一些改革政策，宣称基督教为罗马帝国的国教，同时容许其他宗教和崇拜并存。

公元337年，拜占庭改名为君士坦丁堡，旨在打造为新罗马，但迅即成为新耶路撒冷。

公元337—公元395年，罗马的西帝国与君士坦丁堡的东帝国逐渐分裂。

公元361—公元363年，尤利安努斯皇帝（Emperor Julianus）或称朱利安（Julian）是异教徒，最后一次尝试兼容基督教与其他宗教。

公元379—公元395年，狄奥多西一世（Theodosius I）执政。东西罗马帝国终于分裂，东罗马帝国（拜占庭）强制推行基督教为唯一宗教。

《钱伯斯传记词典》(*Chambers Dictionary of Biography*)有一则条目，如此形容狄奥多西一世："虔诚又偏执的基督教徒；公元381年，他在君士坦丁堡召开大公会议，认可《尼西亚信经》，追查异端与异教徒，最后在公元381年勒令关闭所有神庙，禁止非基督教形式的所有宗教。"他颁令关闭所有剧场和学校（gymnasia），禁止奥林匹克运动会。非基督教的雅典哲学学院，属于新柏拉图主义（Neoplatonism），迟至公元529年，才被查士丁尼一世（Justinian I）关闭。至此，古典世界终结。

第二章

希腊精神的理念

鸿博之士询问："您明日可与我们同往阿林达？"

矫矫不群者粲然一笑，答道："诸如此类的名字！我原以为它是在艾拉班达。不过，大概不会有差异。你若见过一个废墟，便已览尽天下所有废墟。"

——约翰·加斯金

遭遇这种极端的讽世态度，鸿博之士大受冒犯，愤慨地倒抽冷气。诚然，他气得合乎情理。然而，但凡看过两三个希腊古城废墟的人（当然，不包括特洛伊、迈锡尼等极古老的遗址），往往都会认同矫矫不群者的见解。这是有理由的。在某些方面，从塞浦路斯的埃里亚（Elea）到埃及的亚历山大里亚（Alexandria），一座座老城都面貌相似。

这些地方之所以彼此相似，是因为每个城市都具备同样的模式。这套模式源自希腊人的政治和文化活动，也即希腊精神。"希腊精神"这个理念最早见于希罗多德的《波斯战争》（*The Persian Wars*），该书大约著于公元前430—公元前420年。在该书第八卷，有个雅典人说："所有希腊人的亲属关系体现于血缘和语言，体现于共同崇拜的神和祭祀，体现于相近的生活方式。"近半个世纪之后，雅典演说家与政治理论家伊索克拉底（Isocrates）拓展了希腊精神的概念，将它超越血缘关系。他说道："希腊人（Hellene）这个名称不再指称一个种族，而是一种智性（intelligence），‘希腊人’这个称谓更应当指称与我们拥有同一种文化的人，而非与我们具有共同血缘的人。”［摘自伊索克拉底，《泛希腊集会演说辞》（*Panegyricus*）］

何为“拥有同一种文化”？这个表述意味着希腊人就是一个城邦（polis）的居民。城邦是完全或在一定程度上不受外部统治的定居地，城邦的社会体制遵循一套包含民主元素的成文宪法。依据这个模式，一个城市通常设置一间宴会厅，或称市政厅（prytaneion），用以接待宾客或其他城市的使者。执政的理事会（boule）在指定建筑内议事（bouleuterion），公民大会（ekklesia）通常在剧场召开。理事会掌理城邦的日常政务，任命官员负责防御、水渠、市集、祭典、公共赛事、市政建筑、偏远地区的事务等。

一个希腊城市，必须拥有一座足以容纳绝大多数公民的剧场，用于公共集会、法庭审判、戏剧、庆典以及其他大型剧场娱乐活动；一个希腊城市，必须积极参加跨城运动比赛、音乐比赛、泛希腊奥林匹克运动会；一个希腊城市，必须供奉一群共同又不排外的神祇（奥林匹亚诸神），有一位神祇通常被供奉为城市守护神；一个希腊城市，必

一所典型学校的内庭

须以希腊语为通用语言；一个希腊城市，必须设置学校，男孩在学校学习阅读、写作、公共演讲，训练军事和运动技能。这便可以解释体育馆何以通常造在城墙之外，或者在学校附近。最后，一个希腊城市必须拥有特定的社会体系，城中的居民具有清晰界定的身份：公民、外来的自由人、寄居者、奴隶（或仆役）。此外，希腊城市的家庭关系密切，男性有社交生活，主要的社交场合是遵循严格仪式的宴饮。

前文所概述的城市特征，源自公元前5世纪，甚或更早，一直持续至公元2世纪。诚然，有些特征屡经变迁，尤其是公民身份的概念，不断随着世界的政治格局而相应地拓展。在公元2世纪，你会看到有些墓碑记载死者既是罗马公民，也是卡里亚公民（仅作为举例说明），又是另一城市的居民。在罗马帝国的东部，希腊人的影响力主要体现于希腊语作为商业通用语言、国际语言。然而，随着世界变得愈发危险、愈发专制、愈发广阔，宗教教条主义和敌视民主宪政的情绪愈发显著，希腊精神的理念演变为文化精英的东西，演变为文学艺术。昔兰尼的辛奈西斯（Synesius of Cyrene，约公元370—公元413年）实际上可能是基督教徒，但他也感慨人文文化的衰落，为异教徒或秉持希腊精神的希腊人辩护，称他们“拥有所有值得阅读的文化知识，能够以此为基础与人交往”。“人文文化”这个僵化却不卑微的概念，一直流存至20世纪60年代。

因此，一个希腊城邦，必须筑造一系列共同的建筑：

城市广场：广场或市集。一个城市会尽力建造一座壮观的市集广场。这是一片铺砌为正方形或长方形的空间，中央可能供奉一座圣祠，周围环绕柱廊，柱廊后设置店铺和摊位，店家的仓库在店后或摊位下。

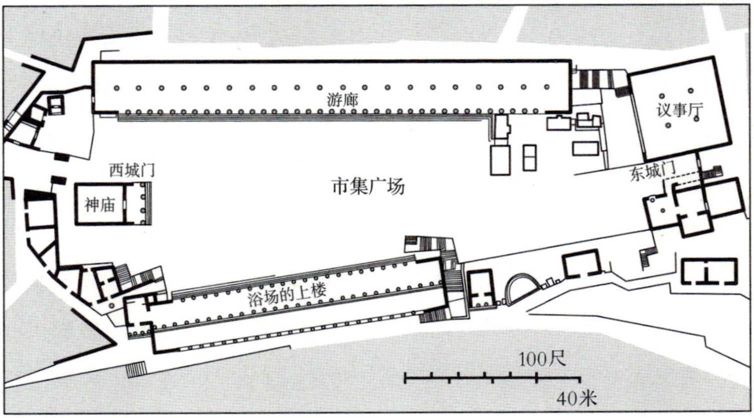

阿索斯，古典时期的公共建筑

城墙：环城的防御工事。通常建于公元前30年之前。墙体采用切琢精良的大石条，不用水泥作为黏附材料（即采用“琢石石工”）。在罗马治世（Pax Romana）的鼎盛时期，这些希腊城墙大半成为无用之物；但在公元3世纪，城民们经

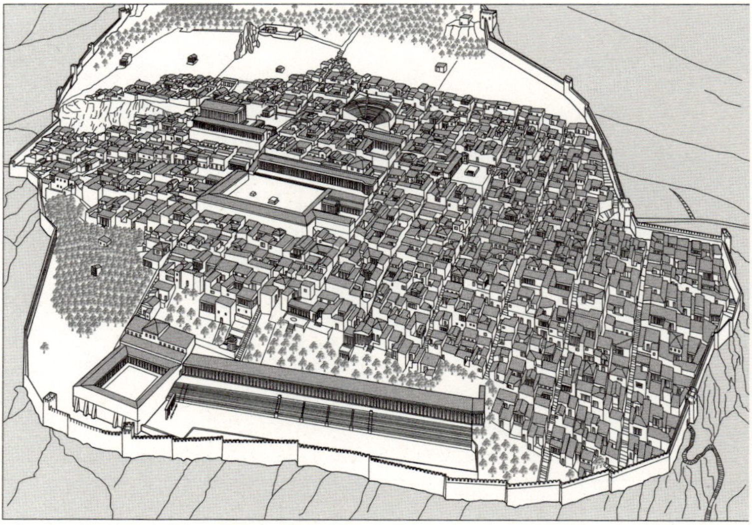

希腊化的普里埃内，规划整齐的街道

常修复、加固城墙。希腊城墙威武雄壮，相形之下，欧洲中世纪的城墙颇似碎石与泥浆的拼凑。

引水渠：人造的供水系统，流过高架拱桥，水道或穿过地下，或依循山势而建。引水渠通常抵达城中一座结构繁复的配水中心。有些配水中心装饰华丽，罗马人举办盛大的庆典，在配水中心供奉泉水宁芙（Nymphaeum）的神庙，设置雕像、喷泉、水池。具体实例可参见米利都、大莱波蒂斯（Leptis Magna）、迦太基（Carthage）和艾菲索斯（Ephesus）上城区（若从山上进城，则位于左侧）。

浴场：由拱门、房间、水池、加热设施构成的一座大型综合建筑。浴场概由罗马人为原有的希腊城市加建而成。诚然，希腊人也洗浴，私人住宅也配备供水系统和下水道，但是缺乏罗马人享乐主义的排场。罗马人简直将泡澡当作一种生活方式。

蓄水池：储水的地下室。水池表面涂抹一层粉色的防水水泥，现今仍然可见水泥的痕迹。不过，请当心脚下（至少在阿林达）：若滑倒、跌进这样一个蓄水池，落在池底之时，你会为自己的处境而惊慌。你可能须等候漫长的时间，才会有人看见落到地下深处的你。里达（Lydai）的荒野有个蓄水池，据说属于拜占庭时期，深得让我几乎不敢张望。

希波丹姆斯式街道规划：城市的街道布局为有规律的正方形。普里埃内是这个模式的最佳范例，但其他遗址也颇显著。

体育馆：封闭式跑道，通常两端为弧形，四周设置阶梯式观众席。用于田径运动和赛跑，有时用于赛马，尤其在罗马后期。

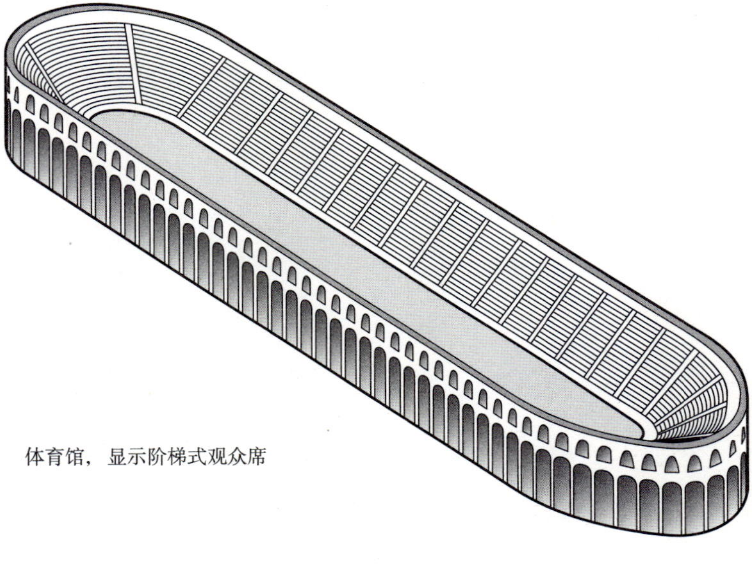

体育馆，显示阶梯式观众席

议事厅：城邦理事会召开会议的地点，空间较小，因此可以加盖屋顶。然而，这类建筑的废墟难以区别于小剧场。阿弗罗狄西亚（Aphrodisias）古城保存有一座精美的小剧场遗

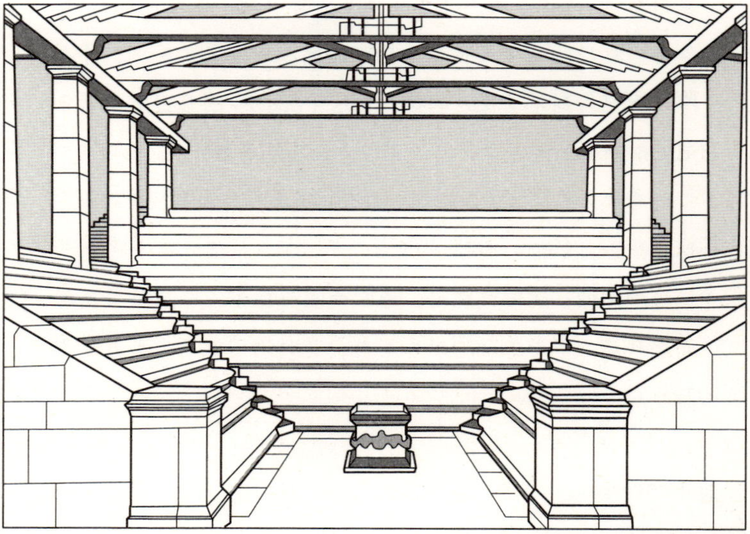

议事厅内部，重构图

科斯的阿斯克勒庇俄斯圣所，重构图

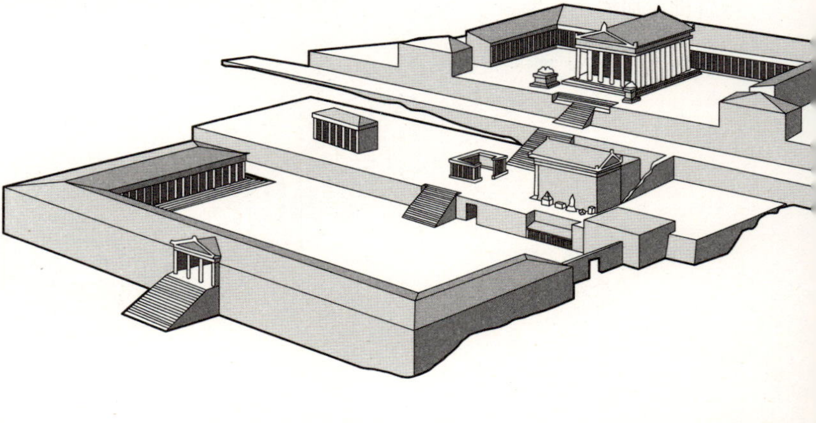

址。这类幽静的小型剧场用于音乐演奏、诗歌朗诵、小型会议等，出席者大约为一百人（大剧场则能容纳两千人，甚或更多）。议事厅或为半圆形，外形类似尼萨（Nysa）的小剧场，也有可能为长方形，或直角马掌形，四面开辟走道，四角设置出入口，演讲台放在中央（譬如，普里埃内的议事厅）。

阿斯克勒庇俄斯圣所（asclepium）：有些城市造有医神圣所，圣所内有一座神庙、一间医院以及其他专门供奉医神阿斯克勒庇俄斯的建筑。最著名的医神圣所位于科斯岛（Kos）和帕加马。圣所的疗程包括洗浴洁身、休息、睡眠、祈祷、服用温和药物，通常的治愈效果现今被称为信仰疗法或奇迹。

希腊城市，以及稍后时期的罗马城市，还有一个或许不能称为特征的特征。但是，这个特征极大地增益了城市的面貌。这些城市彼此竞争，不但在贸易、运动会，甚或战场上比试，而且相互攀比市容。比对手拥有更大、更美、更华丽的建筑，便是占上风，赢得更重要的地位。希腊化时期的国王开创这个先例，他们的城市美化工程，被罗马帝国的皇帝（尤其是哈德良）大力效仿，还有一些显达的公民，积极地捐赠建筑，回报社会的养育之恩。这是一个双赢的局面，城市获得资助，捐赠者赚取公众的称颂。类似的习俗也见于维多利亚时代的英国，今日的美国也很常见。

第三章

酒、性、宴会

希腊的家庭传统虽因地而异，但雅典算是一种典型。雅典人的核心家庭关系密切，成员间的关系受法律和传统保护，有血缘纽带的大家族则依靠较微弱的义务而维系。父母安排儿女的婚姻，新娘通常约15岁，新郎约30岁。婚姻是终身制，离婚十分罕见，尽管男性较容易离异妻子，女性也并非绝对不能办妥离婚手续。男性负责公共事务，上战场，谋求家庭生活开销；女性几乎完全掌理家庭事务；家中的仆役俱为奴隶。奴隶制将会沿袭2500年之久。纵使出现新的宗教，纵使社会变化，哪里有征服与被征服，哪里就有主人与奴隶。

由于继承权、公民权和一家之主的权威都取决于子女的出身，因此，已婚妇女严禁发生婚外性行为。男性虽不受禁止，但可以成为妻子申请离婚的有力证据。因此，家庭大体上相当稳定，受到社会的良好保护。在古典文化里，我们几乎不曾听闻乱伦的故事。

厄洛斯

同性恋、异性恋和恋童癖这些现代观念都不适用于古典世界。那时候，同性恋无关道德问题，尽管这事确实须遵守一些规矩。事实上，涉及少年的恋童癖可能极其罕见。这既因为女性掌管家庭生活，也因为希腊男性拥有很多现代人所缺乏的性自由和习俗。出身良好的男孩或年轻男子，约14—18岁，应寻找一位18—30岁的男子（适婚年龄），作为社交和思想的导师、爱人、偶像和肉体关系亲密的朋友，在双方同意的前提下，一起探索厄洛斯（Eros，爱神）的世界。男孩18岁时，便转换角色，从被爱转变为爱人。西方当代文化所谓的“同性婚姻”，也即两个同性成年人缔结固定关系，在古希腊极罕见，会被视为女人气或者荒诞不经、或者被漠视。

卖淫（男女都有）很常见，并不是非法行为，但也不是自由出身的公民适宜从事的职业。因此，大部分娼妓是奴隶，或者获得人身自由的奴隶。新近有一位作家计算，他们的价格“相当于今日”，尚且不论这个数字有何意味。至少，古典世界没有梅毒和艾滋病。

最后，希腊人的性爱态度还有一个特征（也许你早已有所预料）：古典世界的人远不似我们这般拘谨，即便是过去五十年间的“性观念革命”，也没有将我们革命得像他们那么开放。城市举办公共祭典，庆祝掌管酒和性爱的狄奥尼索斯（Dionysus），这就是戏剧宗教仪式的起源。酒神的儿子普里阿普斯（Priapus），通常被表现为形似扭曲人体的直立阳具。古希腊人看着这个形象，竟毫不尴尬，更不去谴责，反而拿来点缀花园，或者把弄赏玩。裸体，尤其是男性裸体，譬如运动、竞技比赛、洗浴之时，纯属正常事体，其中可能有些情色和挑逗的意味，但仍不失为日常举止。因此，色情作品没有用武之地，除了用以戏谑。再者，性爱被视为正常、平常之时，便不需要露骨的色情艺术。

公元4世纪末，狄奥多西一世积极地改换风尚。然而，经过多年努力，宗教宣传才终于将裸体贬抑为难堪之事，禁欲和节制推崇为美德，同性恋判为罪孽，性爱简直成为不可轻易触及的话题。因此，在19世纪末，弗洛伊德终于忍不住提出性压抑理论之时，确实切中肯綮。雅典的伯里克利或罗马的哈德良必定会笑话他。压抑？此为何物？然而，纵使竭力追附，我们也难以追回古典世界的自由。我们顶多只能回望历史，咂舌称奇，也许为那份失落的纯真和质朴，心中有些惋惜。但是，对于那些我们被教导须反对的东西，我们至少可以学着尽量不去加以谴责。

宴饮

在古风与古典时期，以及随后数世纪里，宴饮是希腊男性社交生活的重点。这是一种高度仪式化的聚会，以葡萄酒为主，饮宴者俱是军事、社会、政治关系密切的男性。他们的意图是一起饮酒谈笑，享受音乐和色情娱乐。通常，宴饮之前，主人先摆设晚餐（deipnon）。阿昔尼乌斯（Athenaeus）抄录色诺芬尼（Xenophanes）的一首残诗，将宴饮形容得栩栩如生。这首诗大约作于公元前540年：

> 这时，地面已打扫干净，手和酒杯也洗得洁净。一名侍从为我们佩戴编织的花冠，另一名侍从为我们捧来馥郁的香水，一尊盛满欢乐的兑酒钵，摆在宴厅中央。另一种葡萄酒，甜似蜜，香似花，已在酒罐等候斟倒，向我们承诺自己永不枯竭。宾客中间燃起乳香，弥漫着神圣的氤氲，水清洌纯净。金棕色的面包，在我们面前的长桌上排列，桌上摆满芝士和浓稠的蜂蜜。中央设起一座祭坛，祭坛四面覆盖鲜花，室内充满歌舞和颂词。饮酒之前，明智的人，先向酒神献一曲颂歌，或用适宜的故事，或用纯洁的语言，俱是得体。奠酒完毕，他们祈祷神祇赐予做合理之事的能力，然后开怀畅饮，尽情地喝，只要不喝得没有向导便回不了家（除非你年纪很大！），就不算羞耻。

古典时期的宴饮反复出现于诗歌之中，从公元前5世纪的色诺芬（Xenophon），到公元2世纪末的阿昔尼乌斯，古代的作家热衷于描述这类场景。相比引文所描述的古风时期的宴饮，后世的仪式愈发繁复。宴饮设在男性专用的房间。这个房间的设计仅服务于这一项功能，四面靠墙摆设长榻，男子或单独或三三两两斜倚着长榻，面对中间的宴席。房门不居中，以便容纳奇数的长榻：考古挖掘有7、9、15张长榻的宴厅。

我们无从得知荷马式餐饮习俗（坐在桌前）是何时及如何演变为斜倚长榻的（显然不太舒适）。然而，确有迹象表明，这是模仿近东习俗。大约在公元前750年，先知阿摩司诅咒无数社会恶习，卧榻式宴饮便是其中一桩：

> 你们躺在象牙床上，靠在卧榻上，
> 你们吃养在圈里的肥嫩牛羊。
> 你们伴着琴声唱慵懒的歌，
> 像大卫一样为自己制造乐器。
> 你们以大碗狂饮，
> ……
> 你们的宴乐将从此消逝！（《阿摩司书》6:4—7）

倘若删去肥嫩的小牛和羔羊，这段话确实概括了希腊较后时期的宴饮。而这样的酒宴，须在阿摩司谢世千年之后才会消失。只是，希腊人的酒宴也变得愈发形式化。

宾客们一起饮酒、享受仪式化的友谊，巩固同仁关系。通常有一名吹笛女在宴会演奏，裸体男孩捧着公用的酒杯在众人之间传递，饮宴者举起双手，仰起头颅唱歌，迟到者只能在被允许之后方能进入，可能须接受惩罚。当场指定一名监酒，确保每位宾客合理的饮酒量不可过多，也不可过少。宴会上举行比赛，譬如掷酒滴游戏。宾客举起酒碗，将一滴酒投进房间中央的大盘，成功者便可赢取心仪之人。葡萄酒总是兑水，可以似啤酒一样大量饮用。

葡萄酒

我们对希腊的酒与饮酒风尚的了解，远远超过古代其他任何社会习俗，这完全归功于阿昔尼乌斯流传下来的著作。阿昔尼乌斯活跃于公元190年，想必拥有一座浩大的图书馆或者惊人的记忆力，因为他的著作《渊博的赴宴者》（*Deipnosophists*）收录了数千条古代作家的引文，都是有关宴饮的训导或轶事。第十卷和十一卷几乎全部是关于酒和饮酒的事。我们可以读到，当时有许多激烈的酒事争议，譬如葡萄酒与水的比例（一般约是1∶3），酒杯的传递该从右往左还是从左往右，公用敞口海碗还是每人一只小杯，酒碗和酒杯的具体形状等。最重要的是，文中反复强调开怀畅饮，却又不可过于放纵。阿昔尼乌斯是趣闻逸事的矿藏；然而，正如所有矿藏，其中也埋有一些糟粕。下面列举数则范例，让读者稍微领略书中的精彩之处。

关于饮用未兑水的葡萄酒：

> 若能在未醉之前感受宿醉，必定无人愿意在超过酒量之后多喝一滴。然而，由于我们总是忘记醉酒的惩罚，所以，我们喝不兑水的酒！

另一则关于俄罗斯南部斯基泰人的饮酒方式，转引自阿那克里翁（Anacreon）：

来！莫似斯基泰人那样抡拳吆喝，大口灌酒，让我们斯斯文文地唱着优美的颂歌，慢慢啜饮。

关于雅典人的节制：

你瞧，这就是希腊人的饮酒方式，适中的酒杯，彼此说说笑笑，进行愉悦的言谈。另一种方式简直似泡澡，而非饮酒。我是指拎起冰酒的容器或酒桶，直接往口中灌，那不是饮酒，而是寻死。

又一则：

自由人的一个标志就是慎重地饮酒，绝不一次喝太多，或像色雷斯人一饮而尽，但在饮酒之间掺杂一些对话，就像人生掺杂一点药，是为让人保持健康。

一则忠告：

有些人宴饮之时喝下大量未兑水的葡萄酒……大量饮酒之时，须牢记三点。不可饮劣质酒，不可饮未兑水的酒，饮酒时不可食用点心。

最后一则生动地传达了希腊人豁达地看待人生的短暂。这份陶然自得的情怀，在荷马史诗便早已彰显，在古典时期更是经久不衰：

> 我们不曾伤害周围的人，难道你不知道，“人生”这个所谓的名称，不过是专供我们消遣而构想的词，只是用婉转的方式指称我们作为人类的命运？我的结论是：人生就是一桩蠢事，只要活着，我们就得享受这个缓刑，好似参加节日盛典，我们被从死亡和黑暗释放出来，获准到太阳底下开派对。谁笑得最欢，喝得最多，就有机会抓住阿佛洛狄忒……盛典结束回家时，他就是最快乐的人。

阿昔尼乌斯的这段话，出自阿列克西斯（Alexis）。阿列克西斯活跃于约公元前350—公元前275年，创作无数喜剧作品，但没有一部保存下来。阿昔尼乌斯著作的第十、十一两卷，可以参见洛布古典丛书。

第四章
剧场：祭典、娱乐、集会

我来到一座小城，立在巨大的剧场废墟前，听见有人对我说："为这个偶尔使用的演出场地花费如此巨大的开支，他们如何辩护这种提案？"较简便的答案是，剧场不止用于偶尔的戏剧娱乐。自公元前5世纪出现，至公元395年东罗马帝国狄奥多西一世强行关闭为止，其间九百余年，剧场具有诸多功能。剧场的建筑，除了最基本的元素，经历无数结构变化。

结构

最早的"剧场"（已经不可能再看到）大概只是数辆板车搭成临时舞台，推到开阔的空地，譬如市集广场。存有考古痕迹的最古老的剧场，出现于公元前6世纪末，以山坡为观众席，山脚的平地为舞台。平地随后被当作剧场的正式形状，这个圆形的空间被称为"orchestra"（舞池，希腊词原意为"舞蹈"），山坡挖成马掌形，安置坐席。希腊人称观众席为"theatron"，罗马人则称为"cavea"。

公元前5世纪末，典型的希腊剧场已臻至完备。观众坐在阶梯式石条长凳上，观众席利用台阶间隔，划分为数个区域。每排坐席之间铺砌走道。希腊剧场（罗马剧场有所不同）的观众席略大于半圆，坐席的终端超越中心点，颇似马掌形。观众席两端筑有一堵护墙，马掌形围绕着圆形舞池；戏台位于马掌形敞口的对面，最初与舞池一样设在平地，随后演变为离地数尺的长方形高台。戏台背面设置后台，这些低矮的建筑物供演员进退，也用于更换戏服与道具储存。后台的高度通常不超过三米，观众由两条甬道进出坐席，甬道是舞池水平方向的两处露天豁口，位于观众席两端和戏台之间。随着时间推移，戏台势欲吞并舞池的空间，原本圆形的舞池逐渐转变为扁平。厄庇道鲁斯（Epidaurus）拥有现今保存最完善的希腊剧场。

罗马剧场通常采用或部分采用希腊原型，外形与希腊剧场大致相同。然而，依据现存的罗马剧场遗址，正是这些不同之处，让罗马剧场具有迥异的氛围。相比希腊观众席的马掌形，罗马的观众席缩为半圆形，戏台紧挨观众席两端，如此之下，舞池便转变为半圆形。后台被抬高，与观众席顶层齐平，并且彼此衔接。这就意味着观众进出之时，须经由宽阔的过道和台阶。这些过道有个颇不吉利的拉丁语名字，叫作“vomitoria”（源自拉丁语动词“呕吐”）。在米利都可以看到一些精湛的范例。

罗马剧场的后台采用石砌，有圆柱、壁龛等装饰。后台殊为坚固，可以仅靠杆子撑起形似帐篷的屋顶，既为观众遮阳，也可营造戏剧效果，譬如神祇凌空飞越戏台［源自希腊人的“机械降神”（deus ex machina）］。在希腊剧场，除非坐在最前面数排，否则观众的眼睛总能掠过戏台，望向郊野。罗马剧场的观众则被封闭在内，只能看到演员和戏台布景，如同现代剧院。土耳其南部的阿斯班多斯（Aspendos）有一座保存近乎完美的罗马剧场。

在罗马剧场以及经由罗马人改良的希腊剧场，你经常会看到最前面两排座位被拆卸，以便腾出空间，在舞台与观众席之间砌一堵墙。这个措施表示这座剧场的表演涉及危险的野兽、角斗士，或者模拟水战。

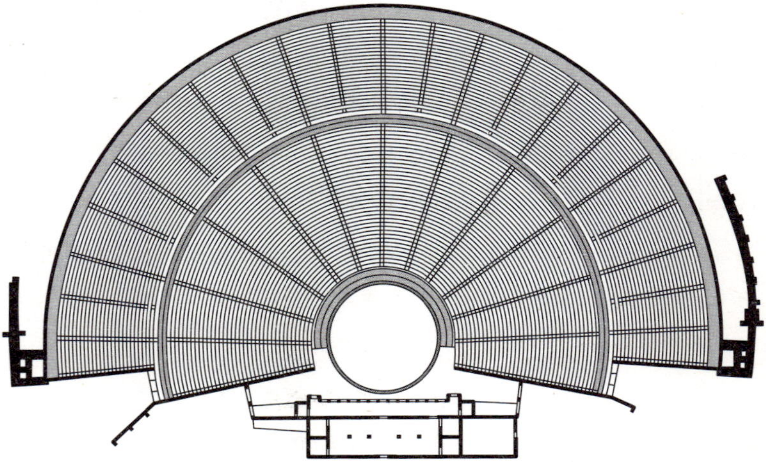

厄庇道鲁斯，剧场平面图，典型的希腊设计

介绍这两类剧场时，我的描述方式似乎在暗示两者的差异总是截然分明的，实则不然。在许多情况下，剧场的总体结构不变，只有部分经由改造，并且每个变化通常介于纯粹希腊式与纯粹罗马式之间。

剧场的用途

雅典的戏剧源自宗教祭典，主要是庆祝狄奥尼索斯（Dionysia）的酒神节。在酒神节上，最重要的祭典就是表演现今称为“悲剧”的戏剧。这些戏剧实则是依据荷马史诗等而作的半戏剧性故事。约公元前488年，悲剧之外又增添了喜剧。事实上，在希腊世界的其他地方，喜剧早已存在。这些剧种兴起之时，旋即涌现无数戏剧独有的标志：面具、音乐、歌舞队的旁观评论、演员、喝彩、竞争（戏剧诗人争夺名次）。

早期的悲剧表演具有高度形式化的套路，如同丧礼进行曲，缓慢到简直像是听天由命般地展开故事。演员的对白很少，并且程式化，总是借助歌舞队的旁白解释或评论剧情。著名的三大戏剧作家埃斯库罗斯（Aeschylus）、索福克勒斯（Sophocles）、欧里庇得斯（Euripides，最年轻者）都活跃于公元前5世纪。尽管他们的绝大多数作品早已佚失，但他们的名字永载于史册。欧里庇得斯现存的最后一部戏剧《巴卡》(*Bacchae*)，可谓是文学史上最伟大、最惊心动魄的一部舞台作品。

最早的悲剧都是取材于史诗或传说故事，阿里斯托芬（Aristophanes）的喜剧则是源自当时社会的政治问题。公元前5世纪末的阿伽松（Agathon，出现于柏拉图的《会饮篇》)，最早开始为悲剧自创故事和人物角色。然而，除数句引文，他的作品没有一部流传下来。

至公元前3世纪，戏剧作品的宗教和政治色彩渐淡，寓意也不再深奥，剧情向更加平实、更具娱乐性转换。米南德（Menander）的戏剧为家庭喜剧奠定标准，欧洲的威廉·康格里夫（William Congreve）、奥斯卡·王尔德（Oscar Wilde）、诺埃尔·科沃德（Noël Coward）都依然遵循他的规范。罗马剧作家普劳图斯（Plautus）热衷于用拉丁语改编米南德的喜剧，搬上罗马的戏台。还有其他一些知名戏剧家的作品，一直在古代的戏台反复上演，但他们的作品现今绝大多数已经佚失。

戏剧（尤其是喜剧）一旦自成风尚，便会脱离宗教祭典的原初背景，然后便出现现代所谓的巡回演出剧团，将戏剧带到各地。最著名、最悠久的剧团是狄奥尼索斯的艺术家（Artists of Dionysus）。这个流动演员和艺人的行会，在公元前3世纪成立。大约在公元前200年，这个流动剧团来到艾菲索斯南部小亚细亚海岸的特奥斯（Teos），准备在此定居。与后世很多艺术家群体一样，一般的社区不能容纳演员和艺人的行为举止，他们只好继续迁徙。但这个剧团坚持了下来，大概一直活跃到公元3世纪末戴克里先皇帝在位时期。

那么，我们或许可以揣测，剧场的用途可能不只是戏剧表演和祭典两大社区核心项目。古罗马时期，剧场也用来表演“mimes”（略似现代的哑剧），举办大型公共娱乐活动，尤其是野兽展览、角斗士格斗和模拟战争。另外，我尚未提及一种极为重要的用途。自始至终，剧场被用于召开希腊民主制所要求的公民集会和法庭审判。譬如，我们几乎可以肯定苏格拉底的审判法庭便是在一座剧场。这场审判不但吸引大量观众，而且陪审团人数众多，因此，只有剧场这类大型建筑方能容纳所有人。即便在罗马统治之时，许多希腊城市继续保持这些民主体制，至少在本地规模上，但凡涉及大多数公民利益的紧急事务，剧场便是召集大会的首选地点。《圣经》里有一段话，可谓是最著名的剧场会议的历史记载：以弗所（也即艾菲索斯）的工匠误以为保罗的布道会令他们失业，于是便在城中引起骚乱，“……他们冲进戏院”（《使徒行传》19：23—40）。工匠们猜对一半，然而须再等340年，他们的预料才会应验。届时，他们的手艺服侍于另一位神祇，他们的剧场和民主已失落千余年。

第五章

神庙：神祇、宴飨、金库

尽量不要用基督徒或穆斯林的虔诚观看供奉古典时代神祇的希腊神庙，不要试图寻觅它们与教堂或清真寺的相似之处。神庙的职能截然不同。虔诚的异教徒在神庙外面祈祷，供奉祭品，吟诵颂歌。神庙内是神的居所，不容凡人侵犯，惟祭司可以出入。祭司是专门任命的公职官员（有些神圣场所设有终身制的祭司，尤其是在求讨神谕的地方）。举办特殊的祭典之时，可能从神庙内请出神的形象，允许公众观看，或者请神像观看祭典。除此，神的形象一直隐匿在神庙内。人类的双手制作的形象，却承载着神的威力。

在意大利西西里、黎巴嫩、叙利亚甚至法国南部，至今依然可见保存良好的古老神庙，内部结构完好。在小亚细亚和希腊本地，则仅保存残断的圆柱和基座。基座是阶梯式的平台，构成神庙的地基。

神庙的整体外观与外围的一圈或两圈圆柱都是众所熟悉的景观。这里需要解释的是神庙内部和正门外的事。

正门前有一座独立式祭坛，供奉神祇的祭品。在许多神庙遗址，这片区域现今仅残存（倘若有）一片石头铺砌的地面。公共祭典，便是在这里屠宰祭祀的牲畜，焚烧牺牲的内脏、骨头和鲜血，请神祇尚飨，嗅吸香气。然后，祭肉烹熟，分配给参加祭典的人。倘若举行盛大的祭典，享宴的人口众多，则相应需要大量的牺牲。

神庙正面有一扇或一对大门，大门嵌入外围圆柱所遮蔽的实心墙壁。这些大门稳妥地保护神庙内部，或直接通往圣殿，或经由一间前厅。圣殿是供奉神像的处所，圣殿背后有内室，须经由圣殿进入，或者更常见的是穿过一扇狭窄而坚固的后门。这间内室实是一座金库，拉丁语称为“*cella*”，担当着类似于现代城市保险库的所有职能。这里的保险具有双重含意。其一，入侵者必须先侵犯神祇的居所，才能抵达这里；其二，内室是神庙内最坚固、最隐秘的地方。室内收藏神庙的财物，包括人们供奉的金银珍宝。政府的财政收入和私人的贵重物品也寄存于此。

关于异教神庙的确切用途，我们所知甚少。譬如，神庙敞开大门之后，在多大程度上允许崇拜者进内膜拜。此外，神的形象是否被

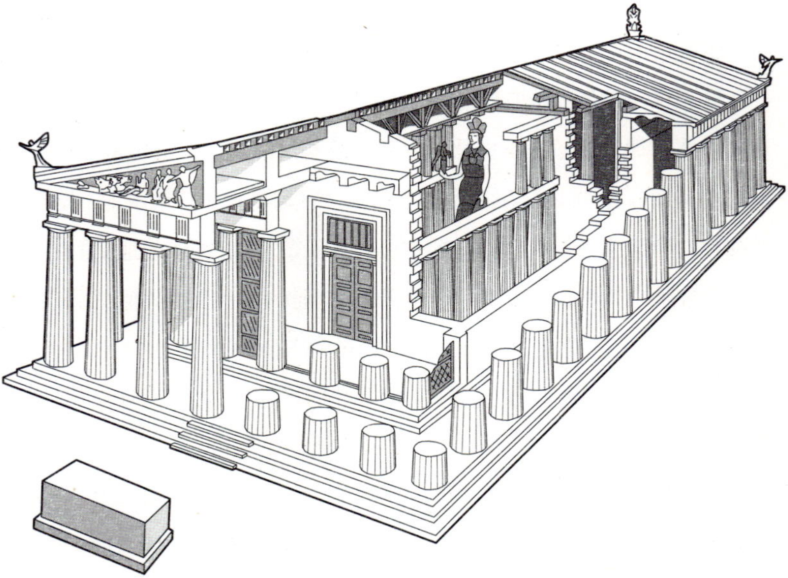

古典神庙的剖面重构图

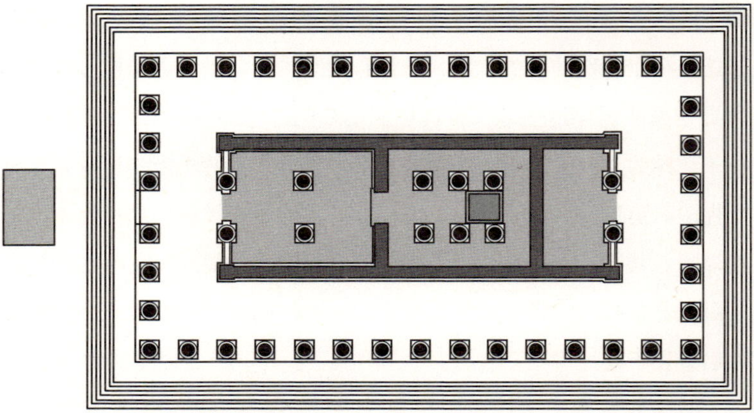

神庙典型的底层平面图，展现内部空间（从左到右）：前厅、圣殿、金库

视为有生命之物（从而膜拜神像便成为真正的偶像崇拜），也是一个悬而未决的问题。有些迹象表明，答案是肯定，尤其是较蒙昧的崇拜者，确实将神像当作活物。然而，更多迹象表明，人们相信神像被灌注着神性和神力（某些基督教传统的圣徒和遗物崇拜，也包含类似的模糊性）。然而，可以肯定的是，人们常向神像供奉象征性祭品，期望得到神的恩惠或者祈祷应验。同样可以肯定的是，神庙是立约诅誓的场所，这是希腊法律的特色。少数几座神庙设有神谕，譬如，狄迪玛（Didyma）、克拉罗斯（Claros）、德尔菲（Delphi）、库迈（Cumae）。我们须记得，那时没有圣人，只有圣地。

神祇

古典时代虽是多神信仰，奥林匹亚神祇的数目却不多：宙斯（“众神和人类之父”）、赫拉（宙斯之妻）、雅典娜、阿波罗、阿尔忒弥斯、波塞冬、阿佛洛狄忒、赫耳墨斯、赫菲斯托斯、阿瑞斯（罗马人称为玛尔斯）、德墨忒尔和狄奥尼索斯。每个城市供奉一位城市守护神，赋予这位神以特殊的崇拜（譬如，雅典的雅典娜、艾菲索斯的阿尔忒弥斯），但不排斥其他神祇。在奥林匹亚诸神之外，还有地神和冥界的神祇：冥界的主神哈迪斯、珀耳塞福涅、宁芙（品级低微、数量繁多的小神，掌管湖泊、河川、山林）、潘，还有掌管私人住宅的神祇（譬如灶神）。

随着希腊城市演变为罗马世界，便出现更多元化的国际性大都市，人们愈发积极地吸纳新神，添入万神庙。这个风气最早源自埃及和东方，但也是因为罗马人在征服或受其保护的领地上，习惯将当地供奉的神祇纳为己有。这些神祇大多只是更换了希腊原名。神祇之间从未彼此排斥。公元2世纪，有个游客来到狄迪玛的阿波罗圣所，看到这片宏伟的圣所四周环绕着一圈小祭坛，供奉每一位神祇。

人们果真信仰如此繁多而不可见的神灵？在其杰作《异教徒与基督徒》（*Pagans and Christians*），罗宾·莱恩·福克斯（Robin Lane Fox）详尽地描述了古代崇拜的各种限制和细节。当然，最精辟的回答还是出自爱德华·吉本（Edward Gibbon）：

> 对于罗马世界时兴的所有崇拜，百姓视为一样真实，哲人视为一样虚假，地方官视为一样有用。

推荐阅读

关于前面各章所触及的主题和相关材料的深入探讨，可以参考《牛津古典世界史》（*The Oxford History of the Classical World*，1986年）。这部著作虽由专家学者撰写，内容却颇为通俗易懂。

第二部分

荷马的理想与哲人的思考

第一章

特洛伊：传说与经典文本

约5000年前，人类在小亚细亚西北部一座山丘上定居。约公元前1250年，爆发特洛伊战争。之后，又过去500年，有个被称为荷马的人，记述了远古传说里那场战争最后时刻的事件。公元前334年，亚历山大大帝立在特洛伊的阿喀琉斯英雄祠前，诅誓要摧毁波斯帝国。据罗马帝国时代的讽刺作家琉善（Lucian）撰述，公元前48年，尤利乌斯·恺撒也来拜谒这片圣地。罗马人崇奉此地为埃涅阿斯（Aeneas）的故乡，传说是这个特洛伊人开创罗马城："如今这里不只是一个辉煌的名字……这里每一片废墟曾被摧毁……然而，一个传说依旧萦绕每一块砌石。"恺撒许诺要让一座罗马人的特洛伊城崛起。他的诺言确实实现。400年后，未来的皇帝尤利安努斯·奥古斯都（尤利安）低调旅行，来到此地，想要探访当这个世界充满各种新奇和外来信仰之时，这里是否依然遵行古老的仪式。礼仪确实如故。又过去1500年。1865年，一个名叫弗兰克·卡沃特（Frank Calvert）的英国人，其家族自古便在特洛阿德地区（Troad）拥有土地，他依照人们对于希沙利克（Hisarlik）山丘的揣测，发掘希腊化时期的特洛伊城墙。海因里希·施里曼（Heinrich Schliemann）接踵而至，携来德国人的财富与日耳曼民族的专注。他撕开这座山丘，露出今日所见的景象："废墟的废墟"。

今日，人们游览特洛伊（荷马史诗通常称为"伊利昂"），不是因为这里曾经诞生某个真实的人物，以其思想改变世界。然而，确凿无疑的是，西方世界迄今所见最强大、最赋影响力、最悠久的传说发生在这里。这个传说，构造着一种文明一千年间的人类态度和理想。

经典文本

希腊人没有《圣经》或《古兰经》。他们没有通过政府或祭司强行实施的正统与规范化的宗教；但他们有荷马的《伊利亚特》，还有地位略逊的《奥德赛》。

《伊利亚特》全诗15693行，着实不易读完。然而，这些诗行为读者讲述神妙而动人的故事，开启通往整个古典世界的门。《伊利亚特》和《奥德赛》是欧洲文学的基石。它们支撑了古典世界盛时的价值观。这个古典世界一直延续到基督教统治之下的公元4世纪。它们以古怪而扭曲的方式，继续流传于中世纪的欧洲。今日，这两部史诗对战争和死亡的评论，对人类天性中的破坏倾向的评论，虽较不为人所知，却比以往更需要人们关注。

那么，这个传说的历史和文学起源何在？故事的原貌如何？其中的人物有几分真实？传说里蕴含怎样的理想，哪些理想开启了希腊化世界，铺垫了哲学家对人生、死亡和社会的诘问？这是一个漫长的故事：不琐屑、不易听，但比大多故事值得听。

赫梯人与迈锡尼人

让我们先忘记现代的土耳其和希腊以及两国精确的疆界（1923年划定），还有迥异于古代的人口。1016年之前，小亚细亚（这个名称指地理位置，而非后来成为罗马亚洲行省的西部较小地区）没有土耳其人。及至1453年，君士坦丁堡（现名伊斯坦布尔）仍无人定居。在这里，我们须先理解昔日具有影响力的三大地区，也即伊奥尼亚（Ionia）、安纳托利亚（Anatolia）和迈锡尼（Mycenae）影响力所及的文化区域。

伊奥尼亚位于爱琴海东岸，东部各岛，诸如忒涅多斯岛（Tenedos）、莱斯沃斯岛（Lesbos）、科斯岛（Kos）等，散落在马尔马拉海（古名为普洛庞提斯）和小亚细亚的西南海岸。自公元前7世纪以来，伊奥尼亚希腊人在小亚细亚西南海岸开辟定居地，或称为“殖民地”。由于较古老的母城人口过多，便派遣城中不能容纳的人，前往外地开辟新城。伊奥尼亚人的城镇有盛有衰（公元4世纪以前，绝大多数颇为繁盛），外部的影响势力也反复兴替：波斯人、雅典希腊人、亚历山大大帝率领的马其顿希腊人及其继位者、罗马人、罗马拜占庭人，最后是奥斯曼土耳其人。

安纳托利亚（Anatolia）是小亚细亚的腹地，在亚历山大的名义统治与罗马更彻底有序的掌控之下，这片广袤的内陆难以接触海岸贸易和外来影响，因此可以说完全不受希腊人影响。就人类历史而言，这片土地极其古老。考古学家告诉我们，这里遗存有10万年前人类定居的迹象。正是在这里，野草被驯化为谷物，麦芒细长的大麦（不是小麦）已在这里种植。山羊和绵羊也在这里被驯化。然而，这些事迹都发生在人类记忆或记载之外，今日的游人，站在这片土地上，隐约看见一些古迹，这些古迹大约都是出自公元前2000纪中叶的赫梯帝国（Hittite Empire），其都城哈图萨（Hattusa）位于今日土耳其首都安卡拉东部130千米处。

打造强大的赫梯帝国的民族，大约起源于公元前1680年。作为帝国，这个民族具有高度的组织性，公元前1420年左右，他们将安纳托利亚中部和叙利亚北部尽然纳入统治。他们拥有且广泛使用楔形文字，哈图萨的废墟里发掘出数千件写字板，刻有国际书信、不同语言对照的词汇表、配马记录、神庙祭典和军事规章的指令。无一件使用希腊文。赫梯帝国国力强大，历史悠久，实行君主制，组织有序，行政体制内普及读写能力。然而，公元前1200年左右，大约在特洛伊战争结束50年内（依据现代推断的时间），赫梯帝国突然彻底消失，没有留下任何已知的解释。

迈锡尼是一座庞大、结构精密的城堡或堡垒，地处希腊大陆数条古老贸易路线必经的交点，大概位于阿尔戈利斯湾北端的梯林斯（Tiryns）和科林斯（Corinth）两条大道的中点。这座城堡在公元前1600—公元前1200年繁荣（一种影响广泛的典型的希腊文化便以这座城堡命名，即迈锡尼文明），使用希腊文的一种早期形式，其书写体系被称为线形文字B（Linear B）。青铜是此地的首要金属。由于社会结构的特征，这个时期现今被称为“宫殿时期”。各地遗址呈现相似的墓葬风俗，建筑和质量上乘的手工制品也具有类似的风格。希腊大陆南半部与爱琴海的岛屿，包括克里特岛、罗德岛（Rhodes）、萨摩斯岛（Samos）和希俄斯岛（Chios），都保存有古老的遗址，见证着迈锡尼文明。然而，迈锡尼文明不似罗马、不列颠等组织严密的帝国，而更是一种生活方式，居首位的政治结构似是一位霸主或国王，他居住防御坚固的宫殿，控制与保护治下的人民，同时也受人民的供养。迈锡尼城本身便是这类小集团的最佳范例，此外还有梯林斯、皮洛斯（Pylos）和底比斯（Thebes）。我们似乎可以合乎情理地推想，这些相似又独立的小集团，无疑彼此贸易、交往，联合抵御或攻打外敌。

特洛伊战争

如果特洛伊战争发生于公元前1250年前后是一个真实事件，那么，除了传说，我们确有一些考古和文学记载，能够证明这次战争确实大概发生于此时。这是一场持久战，耗竭非希腊人的特洛伊城［荷马称之为伊利昂（Ilium）]。特洛伊城控制着周围无数小城（散布在特洛阿德地区），它自己可能是东边赫梯帝国的一个堡垒，或是与其保持交好。这场持久的战争也耗竭希腊大陆宫殿时期迈锡尼联盟的众多霸主。

这也许纯属巧合，却又散发着一股阴谋感：东方的赫梯帝国消失之时，西方的迈锡尼文明似乎也发生故障。我们无从得知西方文明的崩溃，是由于希腊本土的内战、地震以及“多利安民族”入侵（来自希腊北部）的综合影响，还是由于埃及和其他文明都恐惧地记载为“船上民族”（boat people）的侵略和劫掠。然而，结果却是一目了然：宫殿定居地变成村落，书写文字消失，外界交流多半中断，建筑和工艺衰退，回归维持生计的水平。然而，希腊伟大的霸主和财富，譬如阿喀琉斯（Achilles）、阿伽门农（Agamemnon）、梅涅劳斯（Menelaus）、奥德修斯（Odysseus），都来自这片宫殿陨落的土地。当然，他们须等候五百年，才会再度出现在没有书写文字的口头传说中，在崭新的、初生的希腊文明的眼睛和语言里被诠释。在古风时期（这个术语将这个时期区别于公元前5世纪的古典时期），希腊人以腓尼基字母为原型，发明字母表，创造荷马和赫西俄德的文学，还有无数（绝大多数已佚失）以神祇和特洛伊战争为主题的传说和故事。

两个问题

在荷马和其他作家的史诗里，在特洛伊的传说里，我们看到将古代历史神化、神秘化而造成的不确定性。有两个问题始终不散。

第一个问题：史诗的叙述，尤其是《伊利亚特》和特洛伊木马的故事，与真实的地点和历史事件有何关联？是否确有特洛伊战争？特洛伊城果真被这个著名的计策摧毁？

第二个问题：荷马在公元前750—公元前675年独力创作《伊利亚特》和《奥德赛》？是否有两个荷马，一个创作《伊利亚特》，另一个创作《奥德赛》？或者，这些史诗收集当时各地流传的口头故事，经由后世希腊学者编订整理？荷马是否真实存在？

是否发生过特洛伊战争？

最简短的答案是，《伊利亚特》的一些细节描述（主要在第二卷）表明这个故事起源于迈锡尼时代或黑暗时代之前。这个起源显然符合现存的遗迹，以及特洛伊6期（Troy VI）的城墙和塔楼大约在公元前1250年毁灭的史实。实际上，你若站在特洛伊6期东城门的发掘地点，大概便是在时间和知识上最接近《伊利亚特》，见证着特洛伊英雄赫克托耳的死亡。《伊利亚特》的细节带领我们回到古老的过去，或许比多利安民族的黑暗时代更古老，让我们看到以王霸为领袖的社会结构和王宫，将一些城市的名字放置在这个时期。古典时期的希腊人并不知晓这些城名，是由现代考古学家重新发掘而出。史诗里，青铜盔甲（而非后世的铁甲）总被赋予宝贵的价值；史诗关于手工制品的描述，也符合考古发现。譬如，克诺索斯（Knossos）发掘一件野猪獠牙包饰的头盔，完全符合《伊利亚特》第260—265行的描述；史诗的地理描述也吻合特洛阿德地区的地貌。

特洛阿德地区，指特洛伊城南部的大片土地，包括以伊达山为主峰的连绵山脉，斯卡曼德罗斯河与西摩埃斯河构成的河川，以及北部和西北部的特洛伊平原。为了更好地理解荷马所描述的希腊舰队和战斗，我们须知道，今日的特洛伊城北面是大片平坦的农田，在古时则是海湾，直接通往赫勒斯海峡（Hellespont，现名达达尼尔海峡），与爱琴海仅隔一座西吉昂山脊（Sigeum Ridge）。了解古代的地形之后，我们便可看出，荷马的大部分叙述符合地貌特征。

然而，如果将特洛伊战争的传说，追溯到公元前1250年迈锡尼希腊人（可能是）与赫梯帝国强大的前哨堡垒（可能是）之间的真实冲突，那么我们就必须反复强调这一点：最终书写的故事，依据500年间变幻莫测的口头传说与游吟诗人的自由创作，这些口头故事不具有书写文字的稳定性。《伊利亚特》仅一处提起书写文字，并且这个指涉流露着对文字的怀疑态度，倘若不说视之为邪术，那也是背后作祟的手段。普洛透斯（Proteus）想要杀害柏勒洛丰（Bellerophon），却不敢亲自动手，便派他去吕喀亚，让他携带“致命的凭证，在折叠书写板上刻划无数死亡符号，命他将凭证呈交给他的岳父，借刀杀他”。

那么，特洛伊战争的传说，是否可能源自这些虽遥远却真实的历史冲突？当然，极有可能。500年间，这些传说以文字流传，还是口头相传？口头相传。这许多庞大、伟大的文学作品，又是如何被归功于荷马一人？

荷马是否存在？

人们时常询问，是否真有一个名叫“荷马”的历史人物，在某个时期汇集这两部史诗。也许，历史上曾有两个荷马：《伊利亚特》的作者是充满活力的年轻人，敏锐地感知人类的激情和冲突；《奥德赛》的作者是老人，厌倦了世界，在生命的尽头为家庭冲突寻找和解的方式。

然而，古代几乎完全没有“两个荷马”的传统。除此，或许可以说，这个说法似乎想要超越文学的轻信性，甚至超越文学想象的界限，设想欧洲文学的源头竟同时突然出现（仿佛出自虚无）两个天才作家，而非只有一个。倘要解释这两部史诗迥异的语言和情感基调，以及《伊利亚特》较“古老”的气息，那么，为何不说《伊利亚特》出自成熟的男子，《奥德赛》则是这个男子在历经岁月沧桑之后反思人生的旅程？

另一观点认为，“荷马”只是一名抄写员，或者一群抄写员的主管，主持集体汇编各种口头流传的故事，整理为连贯的传说。换句话说，这两部史诗是后人发掘两种传统叙述的集体努力的成果。正如前面的观点，这个观点的难题在于，古人一直将这些故事归属于同一作者，并且这个观点也会摧毁我们自己的信念：史诗的篇幅如此浩大，情节如此细密，叙述如此繁复有序，情感如此深挚一贯，如何可能出自集体校缀？诚然，两部史诗的文本皆经由编订，最早在公元前550—公元前530年，为雅典的朗诵会而校订，较全面的编辑则在公元前3世纪，亚历山大里亚图书馆的学者们负责编辑。然而，正如莎士比亚的戏剧不会因为某个注释本而伟大，纵然最咬文嚼字的编辑，也编排不出天才的作品。

因此，最可信的答案是两部史诗出自同一作者。也许，荷马在年轻时代创作较早、较长篇的《伊利亚特》（15693行，弥尔顿的《失乐园》只有10365行），晚年创作《奥德赛》（12110行），并且两部作品都吸收了口头流传的故事。

叙述

《伊利亚特》描述希腊盟军，或称为“阿耳吉维人”（Argives）或“亚该亚人”（Achaeans），与特洛伊及其盟军对战十年结束时的事件。史诗讲述愤怒和骄傲引发的蠢事，讲述战争的怜悯。希腊盟军统帅阿伽门农，不公平地夺取阿喀琉斯的战利品，从而激怒希腊这名最凶悍的战将。愤怒之下，阿喀琉斯退出战场，一并带走自己的部队默米东人（Myrmidons）。特洛伊王子赫克托耳趁机率军攻打希腊人，一直攻进希腊军舰扎营的海岸。在阿伽门农的恶劣领导之下，希腊人几乎全军溃败。阿喀琉斯依然拒不援助，但派遣朋友帕特洛克罗斯替己上阵。帕特洛克罗斯被赫克托耳杀死。阿喀琉斯悲愤交加，决意出战，杀死赫克托耳，替挚友报仇。赫克托耳虽预知自己会败阵，却依旧迎战阿喀琉斯，反复追赶之后终于被杀死。然后，阿喀琉斯羞辱赫克托耳的尸身，拖在战车后，环绕特洛伊城墙奔跑。所有这些事件，都发生在两日战斗与两日休战期间，构成《伊利亚特》前22卷的内容。23、24最后两卷叙述之后13天的事件，讲述特洛伊老国王普里安（Priam）深夜潜进希腊军营，向阿喀琉斯赎取儿子赫克托耳的尸身，回家举行葬礼。阿喀琉斯亵渎尸身的行为，触怒众神，出于报复，诸神守护赫克托耳的尸身，不让其腐烂，而是保持俊美的容貌。这部史诗最后一行："如此，他们举行驯马者赫克托耳的葬礼"。

《奥德赛》的文学结构较繁复，时间与叙述线索跨越数年。这部史诗包括独眼巨人、塞壬、食莲人、奥德修斯下哈迪斯的冥界等著名故事。这里也最早记载特洛伊被木马计策攻陷的故事，还有很多嵌入式故事，都是奥德修斯的儿子忒勒玛科斯（Telemachus）在他母亲的追求者们企图谋杀他之时，离开家乡伊萨卡（Ithaca），航海寻找父亲之时听闻的传说。史诗的后半部分叙述奥德修斯易容回到伊萨卡，杀尽贪婪的追求者之后与佩涅洛佩重逢。史诗的结尾说道："'权变多谋的奥德修斯，收住你的手，停止无休的战争的纠纷，免得触犯宙斯。'雅典娜如此说道，他遵从之，心中喜悦。"

同一时期（约公元前750—公元前675年）出现一些被称为"史诗系列"的片段，或称故事梗概。有些讲述战争前的事件，譬如帕里斯（Paris）的选美评判，也有些讲述赫克托耳死后与希腊军队撤离之前这段时间内的事件。这个系列包括阿喀琉斯被赫克托耳之弟帕里斯射箭击中脚踝而死，还有特洛伊木马这个举世闻名的计策。罗马最伟大的诗人维吉尔在《埃涅阿德》第二卷复述了这个故事。关于这场战争或战争中的一些事件，还有无数极其古老的传说。然而，这些传说似乎在公元前5世纪之前便已佚失。

警诫：前方阅读困难

《伊利亚特》难读。这不只是希腊语学生的抱怨，即便面对最佳译本的成熟读者，也有这样的体会。这是为何？因为史诗里有无数知识障碍，倘若预先了解这些障碍，便能作好超越它们的一半准备。而超越这些障碍，就意味着走进也许是迄今最伟大的文学世界。就我自己的体验而言，阅读障碍有以下数种（排列不分次序）：

> 我们很少阅读弥尔顿，几乎不读沃尔特·斯科特（Walter Scott），因此，对韵文叙述这一媒介颇为陌生。再加上古希腊语翻译为英语的困难，造成生硬、不自然的语句。但凡企图保持原文语意的译者，都不能完全摆脱这个手法，尽管有些译者，譬如罗伯特·菲茨杰拉德，做得极为出色。
>
> 史诗中有数段游吟诗人的重复，诸如描述性的合唱队副歌，这些重复是为让朗诵者有机会休息。有些译本删除这些片段。然而，有些特殊片段，设若被遗漏，便会影响作品的整体意义。这些片段包括重复的修饰语："权变多谋的奥德修斯""凶神"（阿瑞斯）、"黑船" 等。此外，有些名字或称号，依据诗行的韵律而非故事需要而变换，譬如"帕拉斯"

(Pallas)时常与“雅典娜”互换；或者，船虽停靠海岸，却常形容为“疾驰的船”。可是，若说这些韵文的特征让我们觉得阅读艰难，古希腊人听故事之时，何以不觉得难懂？简单地说，每一种古老文明早期的口头故事，几乎都采用韵文，因为押韵的句子，比散文“唱”得动听。韵文较易记忆，熟悉的叠句与重复的词语，让诗人和听众轻松地领会费解的意义，而我们在数分钟的专注聆听之后就会疲倦，必定觉得这段时间很漫长。因此，正是为口头讲故事，几乎所有古老的社会都先有韵文，再有散文。

另一困难在于史诗中经常插入神的故事，而我们根本不相信这些神的存在。在我们看来，神在故事里所发挥的功能，简直形同作弊。然而，神干涉人类事务之时，实际发生的事件或许就是我们通常所谓的意外的幸运或厄运，古典时期的读者无疑就是如此阅读荷马的（稍后详述这个话题）。

阅读《伊利亚特》时，第一块绊脚石出现在第二卷下半篇。史诗开篇精彩地讲述阿伽门农与阿喀琉斯的争执，然后，惊慌之下，希腊军队的首领们召开全军大会。这时，叙述却停止，诗人开始罗列一连串似乎没完没了的参战者，既包括希腊人，也包括特洛伊人，历数各人的出身来历。排除这块绊脚石的方式，大概就是直接跳到第三卷。讲述帕特洛克罗斯的葬礼竞技比赛之时，也有类似的名单，读者也可以采用同样的解决方案！

《伊利亚特》包含极其庞大、让人筋疲力尽的陌生的人名和地名：总计750个名称。倘若将这些名称拎出来，单独读一遍，是否足以让人疲惫？整个故事主要依赖于18个著名人物与12位神祇。先熟悉这些人物以及各人之间的关系。这个功课，不比一部广播剧或电视剧的人物关系复杂，并且可能具有更经久的价值。

真实的人物或空洞的英雄？

《伊利亚特》的神显然具有个性，那些凡人是否只是英雄的代码，被冠以英勇事迹、怯懦、愤怒、愚蠢、荣誉抑或耻辱？我以为，他们有时确实只是英雄的代码，但也是性格鲜明的真实人物。试看其中一些希腊人：

阿伽门农：希腊军队的统帅，骄横跋扈，既不识人，也无自知之明。读者可以看到，在史诗开篇，他用激将法试探希腊将士，说他们反正拿不下特洛伊，不如收拾行李回家，自以为他们听后会羞愧得冲上战场，不料将士们信以为真，匆忙回营收拾行装。他临事仓皇无措，盛气凌人、极权专断，危机时刻又迟疑不决。

阿贾克斯（Ajax）：忒拉蒙（Telamon）之子（史诗里有两个阿贾克斯），肌肉强健的粗汉，急躁、迟钝、勇敢、残酷、愚蠢，动作片的“英雄”的原型。

阿喀琉斯：感情热烈，容易爆发破坏性的愤怒。他和阿伽门农的争吵间接导致他的挚友帕特洛克罗斯的死亡。他对这个悲剧的反应又过于激烈，不但杀死赫克托耳，而且羞辱他的尸身，从而也是羞辱他自己。阿喀琉斯悲观地顺从自己的死亡命运。他被描绘为伟大而不完美的人：凶悍、勇敢、骄傲，最后与被自己亲手杀死其子的父亲一起哀悼，从而得到救赎。他是令人胆颤、复杂难懂的人。

涅斯托耳（Nestor）：阅历深广、头脑睿智的老人，无论什么场合，都要滔滔不绝地讲论，固持己见，典型的半退休领导，到处得到敬重，有时确实值得尊敬。

帕特洛克罗斯：年轻，对待妇女与朋友谦恭温和，勇敢，但最终因为过于勇敢而未能存活。

然而，颇有意味的是，《伊利亚特》最显著的人物竟是特洛伊人：

普里安：特洛伊国王，年迈，厌倦了战争，承受无尽的损失与日渐增长的毁灭，他隐约知道这场战争最终会摧毁他拥有的一切：丧失众多儿子，妻女沦为奴隶，譬如卡桑德拉（Cassandra）的命运，以及自己的死亡。他是一个悲哀的人，注定要失败，沦落到最卑微的境地，潜入敌营求讨儿子的尸体。

帕里斯，又名亚历山大罗斯（Alexandros）：乱世之战的人类起因，《伊利亚特》形容他“活泼、俊美”。他是高雅知趣的情人，具有一定程度的勇敢和战斗力，头脑聪明。他最后使用计策杀死阿喀琉斯。然而，在危机时刻，他似乎总不在场。曾有一次，赫克托耳见他“在一旁给军队加油”，便责备他。帕里斯却答道：

“我们在你身后，我们仍精力充沛，
不乏攻击的劲头，我保证，
在我们体力允许之内作战。
竭尽体力之后，无人能够战斗，纵使心里想。”

（第十三卷，784—787行）

早些时候，其他人都上战场，帕里斯“迟迟不肯离开与夫人交欢的地方”。终于来到战场时，他对兄长赫克托耳说道：“亲爱的兄长，我让你久候了？我不是在你指定的时间准时赶来？”赫克托耳的回答值得在这里全部引用，因为这番话饱含人道精神，渴望停止战争。在这个以战争为主题的故事里，处处弥漫着这份渴望：

> 戴着闪耀头盔的赫克托耳说道：
> 我的古怪的兄弟哪！没有哪个公正的人，
> 会低估你在战场上的技艺；
> 你的手臂强壮有力。但你的放弃
> 也过于轻易，你失去兴趣，失去意志。
> 我的心在体内疼痛，当我听见人们
> 用鄙夷的口气谈论你，
> 而他们自己因你的缘故在战场苦斗。来，
> 总有一天，我们要补偿他们，如果
> 我们终于把亚该亚人逐出特洛伊土地——
> 如果宙斯允许，在我们的大殿里
> 为天上不死的永远年轻的诸神摆设
> 我们获得拯救的酒碗。（第六卷，第520行—卷末）

然而，他们永远没有机会。两天内，赫克托耳就会死去。他是阿喀琉斯的最傲岸的对手，却被描绘得毫无愤怒，在特洛伊家中，他深情待妻，怜惜幼子，在毫无胜算的情况之下与阿喀琉斯对战。关于他的性格，这里不再多说，读者必定会有自己的见解。或许，你甚至会认为他才是《伊利亚特》真正的英雄。

第二章

特洛伊：文本与理想

理解荷马的作品，就是在源头了解1000年间支撑着希腊世界以及通常意义上的古典世界的价值观和理念。正是在这层意义上，我们说哲学家们思考战争、死亡、运气、神祇和人类的某些性格之时，往往以他为终极源头。因此，通过这些哲学家，荷马的思想不但与古典时期的历史一脉相承，而且与我们息息相关。

战争、愤怒、勇气

让人意外的是，《伊利亚特》虽通篇讲述特洛伊战争，这部史诗最显著的特征却是从不将战争视为好事，从不用人类在战争里呈现的品德（诸如勇气、自我牺牲和同袍情谊）来辩护战争的正当性。史诗里的人们，从不向掌管战争的神阿瑞斯（也即罗马人的玛尔斯）献祭、祈祷或唱赞歌。他是“凶神”，是“人类的祸根”，“披着鲜血凝结的外壳”“摧毁人类”。睿智者谴责战争：

来自裴科索斯的墨罗普斯，
众先知中最赋洞见的先知，拒绝
让儿子们走上战争的征途，
这场消耗人类的战争——他们不听嘱咐，

顺从死亡的黑暗力量的驱使。(第二卷,第828—833行)

第三卷第111—112行写道:“对战双方都想看到这场充满苦难的战争的终点。”数行之后,战争似乎有望终结,双方将士“向天空举起双手”(这是古希腊人祈祷的姿势,身体直立,仰望天空,而不像东方帝王和神祇所要求的那样跪倒伏地)。他们祈祷:“宙斯吾父,伊达山的万能的主,最荣光、最壮美的神,让我们在和平里结为忠诚的朋友。”然而,一旦“战争的恶犬”与“战争的不耻的杀戮”被释放出来,愤怒和残暴便恣意肆虐:“人们在共同的空气里欢喜与痛苦、摧毁与被摧毁。”

创造《伊利亚特》的源泉不是战争,而是战争的起因,以及伴随战争的各种事件。史诗第一行便清晰地揭示:“愤怒,永世不朽者,现在请成为我们的歌。”这一愤怒,不只是阿喀琉斯对阿伽门农的愤怒,也是阿伽门农对阿喀琉斯的愤怒,梅涅劳斯对海伦和帕里斯的愤怒,雅典娜和赫拉对帕里斯及特洛伊人民的愤怒,也是斗争在人类心底释放与激发的愤怒。挑起一个人的愤怒,在激怒他的那刻,此人几乎不可战胜。在战场上,激发愤怒的一种方式,就是嘲笑某人贪生怕死,而在荷马的世界,这是最可耻的事。

猖狂、失控的愤怒,伤害个人和神祇甚至整个国家。《伊利亚特》正是展现这种愤怒的可怕后果。后世的哲学也关注这个主题,譬如,苏格拉底敦促人们自制,了解自己的本性,不可走极端,不可被狂妄的激情指使而轻率行事,以致走向毁灭。荷马早已加重语气,写下这些警策:“我们从古老的故事里学到,饶使伟大的英雄,亦要被狂暴的愤怒剋制。”还有一句:“愚蠢强劲而迅疾,赛跑赢过所有的祈祷,无论何地,总是最先抵达,伤害终将死亡的凡人。”最明确的是这一句训诫："控制你的血性、你骄傲的心，因为恭谦礼让更好。"这些引文都出自第九卷。不过，《伊利亚特》通篇可见类似的诗句。

纵使在战争中，纵使是《伊利亚特》的英雄战争，胆量并不意味着冒然送死。阿伽门农哀求兄弟梅涅劳斯放弃与赫克托耳单挑，说道："放弃这个愿望，别为争强好胜，而去面对比你强大的战士。"在前面的引文中，帕里斯也说过"在我们的体力允许之内。竭尽体力之后，无人能够战斗"。帕特洛克罗斯毫无必要地死去，因为他无视这个道理。赫克托耳也是如此。"赫克托耳王子不为所动，站在特洛伊城门前，意志坚决，要迎战阿喀琉斯。"他的父亲哀告道："他的強悍远胜于你，并且严酷无情：求你进城来避避……"（第二十二卷，第33—40行）然而，他没有退进城门，最终令人赞叹却又不合时宜地英勇战死。

战争与来生

《伊利亚特》充满死亡和杀戮。然而，死亡绝对不包含任何英雄、美好或值得的东西，殉难没有回报。史诗屡次精确又无情地描述残暴的死法。然而，死亡从来不是失去血色的身躯，如同稻草人倒地，如同我们在电视电影里看到，死亡被表演得琐碎，缩减为娱乐活动。死亡始终是强大的，它让人畏惧，它是终结。《伊利亚特》描绘死亡之时，总用一句冷峭的结语："黑暗蒙遮他的双眼"，或者"麻木的黑暗""注定的黑暗"，或者形容倒下的男子进入"死亡无止境的黑暗"。死亡终结人的一切。它是睡眠的兄弟，但它让人永远沉睡，从不给人选择的机会（"做死去的英雄，不如一条活着的狗"）。英武豪迈的阿喀琉斯也承认：

而今，我细思
没有财富胜过活在人世……
人可能劫掠到牛羊；
购得青铜大鼎，头颅褐色的良马
可是，生命的呼吸，一旦从唇边溜走，
就再也追不回，抓不回。（第九卷，第406—409行）

《伊利亚特》充满因为生命的短暂和人生的终结而唤起的悲伤，下面这段话，在一个最难忘最熟悉的比喻里传承数百年：

人类的世代如同大地的树叶——
叶子枯老，被风吹在地面，
春天来临，绿色的森林又会生出嫩叶。
凡人也是如此，一代枯老，
一代花开。（第六卷，第145—149行；也参见第二十一卷，第426—467行）

300年后，在喜剧《鸟》里，雅典戏剧作家阿里斯托芬（Aristophanes）借用这些比喻形象："试想人类的世代，如树叶一般枯萎、凋零……脆弱的黏土模具。" 700年后，在《埃涅阿德》第六卷，罗马最伟大的诗人维吉尔感慨生命死亡的普遍性，用绝妙的诗行回应荷马的比喻：

犹如秋风急时树木坠下的枯叶一般繁密，
或者，犹如被冬日的风暴驱赶

从浩瀚的大海飞向陆地
寻找更灿烂的天空的鸟雀一般密集
如是，人人以可怜的祈祷姿态站立，
渴望遥远的海岸
伸出热切的手。

他们是刚死的人，他们渴望的海岸是忘川的彼岸。而这正是荷马的蕴意：死亡是双眼昏暗，死亡是虚无。至多，或者更糟糕的是，死亡是一段灰色时期，做梦般等待，等待尸身得到体面的葬礼，从而得到永远的安息。阿喀琉斯梦见帕特洛克罗斯的亡灵这一节正是描述这个蕴意（第二十三卷），“在死亡的幽暗之下，一缕纤细的生命犹存”。然而，这只是在渡过忘川之前。

我把这个古老的死亡观称为“自然叙述”。说它是自然的，是因为这种观点不增添任何东西。一条狗、一只苍蝇、一个人都有同样的死亡：生命的终结。睿智者在荣誉与允许的范围之内回避死亡，然而，死亡一旦来临，正如英国戏剧作家约翰·德林瓦特（John Drinkwater）在荷马辞世2500年之后写道：“一切只在于人面对它的姿态。”即将被杀之时，赫克托耳如此说道：

结束……死亡在眼前，黑色，
不远，不能避开……
然而，我依然不能，不能不挥一次长矛就死……我要以某个行动，
让后世的人记得……（第二十二卷，第295—305行）

这种死亡观认为没有值得拥有的来生。这个观念在古典时期早期十分普遍。然而，无论在哲学或宗教上，当时都没有一种公认或规范的信念。在哲学家中，苏格拉底和柏拉图阐述复杂周密的观点，论证灵魂的永恒。这些理论继而成为基督教神学形而上学的根本结构。另一方面，亚里士多德和更坚决的原子论者，诸如德谟克利特（Democritus）、伊壁鸠鲁（Epicurus)，提出强有力的论点和论据，证明灵魂的死亡。他们有些认为灵魂是肉身的一部分，如同大脑，或者有生命的肉身的功能或活动。这个结论契近我们今日所谓的死亡"科学观"，而非"宗教观"。后面的章节将继续阐述这个话题。

古代的秘教企图在荷马的黑暗死亡观之外引进其他观念。然而，他们的观点似乎颇为含糊，驳杂又自相抵触。俄耳甫斯秘仪（Orphism）与狄奥尼索斯酒神节的秘仪，似乎包含双重世界，人生从一个世界进入另一世界。毕达哥拉斯派（Pythagorean）相信灵魂在死亡的时刻进入另一肉身，然后在这个世界投胎转世。依洛西斯秘仪（Eleusinian mysteries）似乎预设类似基督教的宣福，追封死者为永恒的存在。然而，关于这些传统的史料，有些较混乱，大多数则已佚散。唯一无可争议的事实是，关于死后的信念和观点各有不同，彼此矛盾，并且因时间或地点而变迁，从未曾用公认的语言编撰为规范。饶是如此，荷马确实提供了占压倒性优势的观念。

即便在荷马的史诗里，也有另一种说法。在《奥德赛》中，埃及的普洛透斯，也即海洋老人，对梅涅劳斯说道，他的生命尽头"不在阿戈斯牧马的绿草地"，"那些不死的神，要让你飘荡到世界尽头，到伊利希亚的原野，那是金发的拉达曼迪斯的居所"。这是为何？因为梅涅劳斯与海伦结合，而海伦的父亲是宙斯。梅涅劳斯与不死者有关联，从而得到不死的属性。我们绝大多数人得不到这样的运气。

在《奥德赛》第十一卷，奥德修斯遭遇死亡。这一段篇幅较长。奥德修斯下到冥界，在这个哈迪斯的居所，与不幸的死者交谈。然而，他们都已忘记前世。他们“无知无识”，喝下奥德修斯带来的暗红的鲜血之后，才暂时记起自己的身份。然而，这样的来生不是真正的人生。那是蒙昧、混乱、幽灵般的存在。那只是一种遗忘的存在。在一个活人看来，无论这个人生多么悲惨，大概也不会向往那样的来生。

总结：在注定要死的凡人与不死的神之间，荷马作出尖锐的区别，纵使在其他方面，神与人类相似。对凡人来说，死后或是虚无，死者只是一具自然腐烂的尸体，或是变成鬼魂逗留，直到葬礼之后，死者穿渡遗忘的河川。河对岸是哈迪斯的居所，死者忘记生前的身份，来到这里。这里黑暗、无意义、乏味，所有让人生值得拥有的东西都不存在。极少数的人，由于他们与不死者有关联，可以进入埃律西昂（Elysium）的至福乐土。

神与幸运

人类是肉身，有生有死。只有神是不死的。然而，神不是永恒的存在。永恒者既不进入存在，也不从存在消失。在某种意义上，神确是“被生下来的”。他们作为自然宇宙的一部分进入存在，但他们不会消失，并且要干预人类事务。再者，他们不是道德的典范。他们如同人类大家庭，强大、半民主、经常争执，但总体上过着幸福的生活。他们因为各自偏袒一支军队而彼此争吵，他们积极地介入战事，拯救某位勇士，或者影响战斗的胜负。

你若不喜欢人格化的神祇，觉得这种观念模式过于刻意或者太原始，那么，你可以像荷马多次暗示的，将神祇视为一种终极原因，导致人类经常毫无正当理由地作出或明智或荒谬的事，或者将神祇视为自然事件的运气。譬如，战场上突然飘起一阵浓雾，身陷绝境的英雄得以在雾中逃脱，或者河流突然泛滥，阻挠敌人的进攻或撤退。任何一个“运气”或“神”都可能成为我们的命数，这个无形、任意演化的影响力，给我们带来好事，也让我们痛苦地死去，或者痛苦地活着。有些人听天由命地对待这种运气，接受所有发生的事，如同伊斯兰教徒遵从“安拉的旨意”。也有一些人，面对无可避免的结果之时，也要尽力而为，调整自己的态度和行动，就像斯多噶派的作风。第三种是荷马的做法：既祈求诸神息怒。因为在某种程度上，人类能够用适宜的祭典和敬拜影响神祇，也坦然接受神赋予的一切。

因此，阿喀琉斯告诫人们“敬重神的意愿，他们才会尊重我们的愿望”。帕里斯也宣称“众神赐予的美好礼物，人类不可以藐视，因为它是神的意愿，不是人的愿望能够求取的”。然而，下面这个时刻可能构成最具启发意义的评论：有一名希腊战士的箭已瞄准赫克托耳，可是，他的弓弦啪地一声折断，他说道：“可恶的运气。哪个神祇割断我们在这场战争的前程。”他的朋友阿贾克斯却告诉他，不要废话，拿起矛与盾，继续努力战斗。

在一个最著名的场景里，阿喀琉斯描述普里安深夜潜入敌营的运气，或者幸运的条件：

来……来，坐。
我们且停止戳刺，让伤口休息，
尽管悲痛沉重地压制我们。眼泪不能疗愈，
干透后僵硬、冰冷。这就是
诸神主宰人类命运的方式，

让我们的人生挑起如此重负，他们却
不会感受丝毫痛苦。宙斯的门旁
摆着两只罐，各装着好与恶的礼物
供他选择赐给我们；对这个人，
闪电之王伸进两只罐子
他的运气就会好恶交替。对那个人
他的手伸进恶运的罐子……由于宙斯的旨意
那人一生被鄙薄。（第二十四卷，第522—533行）

《奥德赛》用更简单的文辞传达同样的思想："在奥林匹斯山顶，宙斯本人给人类分派福禄寿考，随心所欲地施予或好或坏的命运。"（第六卷，第186—190行）

因此，对《伊利亚特》和《奥德赛》英雄们来说（也包括古典世界所有识字的人，这可不是小数目），人类事务蕴含着近乎随机的元素，也即"运气"或者人格化神祇的隐晦的行动。如果我们给予神祇"应得的东西"，他们或许会听取我们的愿望，帮助我们。然而，他们也可能充耳不闻，或者选择旁观，或者别的神祇来阻挠我们。无论何种情况，我们都必须尽力而为，忍耐下去。一切只在于人面对它的姿态。

性格与举止

那么，人应当具有怎样的姿态？荷马之后的一千年里，古典时代的作家，无论希腊人或罗马人，都在他的诗行间寻找先例或格言，用以辩护自己的行动或语言。若能在荷马史诗中找到先例，此事或此言便有权威。那么，你的行动或语言也值得推赏。柏拉图（公元前427—

公元前347年）和普鲁塔克（约公元46—约公元120年）的著作，都包含数百处荷马史诗的引文。琉善（约公元115—公元180年之后）和阿昔尼乌斯（活跃于公元200年）的著作包含数十处。罗马帝国末期的大多数文学作品频繁引用荷马史诗，譬如罗马皇帝尤利安努斯（在位时间公元360—公元363年）、马克罗庇斯（Macrobius，活跃于公元400年，被誉为“希腊精神的最后见证”）、波爱修斯（Boethius，公元476—公元524年，被誉为“最后一个罗马人”）。

在基督教和伊斯兰教所创造的世界里，“我该怎么做”这个问题，通常得到同样的答案：“听从上帝的旨意”。因此，当人们看到古典时代竟没有类似的普遍适用的答案之时，就觉得有些茫然。宙斯及其部属的权能，虽非无限，但也极为强大，然而，他们既不是道德的典范，也不要求人类具有我们所认同的正直的道德。最恶劣的情况时除外。公共事务的治理，完全依靠政治章程和约定俗成的规范。对于柏拉图和斯多噶派来说，还有更显著的是，对于亚里士多德和伊壁鸠鲁派来说，伦理学仅关涉个人的品格和美好的人生。同样，他们的文学源泉（荷马史诗）推崇或谴责人的个性之时，也是将其置于人的关系网络之中。那么，荷马式伦理观是怎样的？（在如此早期的时代使用“伦理观”这个词语，不免犯下时代错误。饶是如此，姑且用之。）

愤怒：战场之外，必须克制。

勇敢：切实可行的范围之内，令人钦佩。

骄傲：有破坏性。因此，帕特洛克罗斯斥责阿喀琉斯：“你，还有你那让人恐怖的骄傲！除非你能保护阿耳吉维人不遭殃，你的骄傲对谁有好处？你真的这样忍心？”

敬重死者很重要。阿喀琉斯没有做到，宣称要将赫克托耳的尸身喂野狗。然而，阿佛洛狄忒和阿波罗出面干预，阻止这桩暴行。

纵使在敌对阵营里，也要履行友谊和血缘关系的义务。因此，狄俄墨得斯（Diomedes）“微笑地看着这个年轻的战士［特洛伊人］，温和地说道，‘啊，你是我的朋友！我的祖父俄纽斯，很久以前为我们结下友谊……来，在这场长矛交锋的战争里，让我们避开彼此的武器。有的是特洛伊人让我去杀……你若有能耐，也有的是亚该亚人让你击落’。”

仁慈与怜悯：难能可贵，也能用钱买（比对现代伊斯兰教，作恶者缴纳的罚金可以抵销受害者所遭受的伤害）。譬如，荷马写道：“他心里没有怜悯。正常的人，会收下被杀害的兄弟或死去的儿子的赔偿金。支付庞大的金额，杀人者就可以安然无恙地留在家中。”

同情：既可能，也可取。“而今，我又要永远地哀悼你，一直多么温和的你。”她又放声痛哭，妇女们陪她哭泣，先是哭帕特洛克罗斯，然后哭彼此的哀痛。

奢侈：不会让英雄堕落。奢侈品让人赞叹，但首领们也习惯亲手操持日常琐事。

荷马史诗出人意料地用感人的言辞赞颂美满的婚姻：《伊利亚特》的赫克托耳与安德洛玛刻，《奥德赛》的奥德修斯与佩涅洛佩。

自由：人人向往，但这是摆脱杀戮、奴役和战争的自由，而非随心所欲做自己想做的事。

正义：在特定的意义上，受到推崇。宙斯也在现世惩罚“那些诉诸暴力、在公共集会场所枉法断案、驱逐正义的人”。

> 慈善：具有价值。迟至公元362年，尤利安努斯皇帝引用《奥德赛》的诗句，力图表明对穷人或外国人的慈善并非基督教徒的专利："现在，轮到我们照料他，因为宙斯守护每个陌生人、每个乞丐，对这些人来说，礼物哪怕微薄，也有深长的意味。"（第六卷，第204—209行）然后，他继而引用："陌生人，我没有理由轻慢你，就算比你更低贱的人来到我门前，我也不会拒绝。因为陌生人和乞丐来自宙斯，我们给予的一份礼物，哪怕十分微薄，也会被欣然接纳。"（说话者是穷人，第十四卷，第56—61行）

最后，古人比今人强壮、勇敢，值得被人记忆，因为光荣的死或战场上的胜利等同于伟大。一个男人等同于他企及的成就，后人也只记得他的成就。那成就就是他，也将永远是他。赫克托耳挑战一个亚该亚人，如此说道：

> 将来，某艘船上的男儿，
> 行驶在葡萄酒色的大海，会把手指向大陆，说道：
> "那里有一个古人的坟堆，
> 一个英雄，与赫克托耳对战，被杀戮。"
> 将来，有人会这样说。而我在这里
> 赢得的荣耀，永远不会湮没。（第七卷，第87—91行）

你若乘船北上或南下，在爱琴海行驶，前往或离开赫勒斯海峡之时，朝东眺望，就会看到特洛伊平原与爱琴海之间相隔的西吉昂山脊。在那里，你会看到一个古人的坟堆，此刻你就在接近赫克托耳，接近战争的悲悯，就像希腊人和特洛伊人那样，接近被埋葬于赫勒斯海峡北面的数千土耳其将士和盟军，以及加里波利战役（Battle of Gallipoli）大屠杀的纪念碑。

推荐阅读

没有哪种读物能够替代荷马的原文，好的英译本有罗伯特·菲茨杰拉德翻译的《伊利亚特》（1998年），托马斯·爱德华·劳伦斯（T. E. Lawrence）翻译的《奥德赛》（1932年），或者企鹅古典丛书罗伯特·菲格尔斯（Robert Fagles）的译本（1992年新版）。约翰·维克多·卢斯（J. V. Luce）的《荷马风景颂》（*Celebrating Homer's Landscapes*）以优美的叙述和插图展现特洛伊的古代地形学（康涅狄格州纽黑文，1998年）。关于特洛伊战争的起源和进展，可以阅读巴里·斯特劳斯（Barry Strauss）的《特洛伊战争：一部新史》（*The Trojan War: A New History*，2006年），或者迈克尔·伍德（Michael Wood）的《寻找特洛伊战争》（*In Search of the Trojan War*，2005年修订版）插图丰富，内容通俗易读。

第三章

米利都：宇宙的本质

米利都比地球上任何一个地方都有资格宣称，自己最早开始探索宇宙的物质成分和结构。这些前所未有的思索开启一个探索的历程，而我们正以越来越快的速度接近这个历程的终点。这座城市最鼎盛时期的三位人物站在这个探索的起点，他们都生活在公元前546年波斯人入侵之前。第一位是高寿的泰勒斯，公元前585年之前诞生，活跃时间可能在之后的四十年间。第二位是泰勒斯的后辈阿那克西曼德（Anaximander），但两人逝世的时间可能大致接近。第三位是阿那克西美尼（Anaximenes），名声不如前两位，大约生于公元前585年，约60岁逝世。

这三个名字在古代流传，受到古人的推崇。然而，他们的著述都已佚落，我们仅知阿那克西曼德有一部著作，只能从古老的记载中了解一二。譬如，200年后的亚里士多德的评述，或者一些轶事和概述，尤其是出自罗马作家第欧根尼·拉尔修（Diogenes Laertius）的，他在公元210年撰写《哲学家传记》（*Lives of the Philosophers*），收录了一些可靠的资料，只是他的行文相当啰嗦。另有辛普利修（Simplicius）的引用。这位渊博的亚里士多德注疏者享有一个悲惨的荣誉：公元529年，查士丁尼皇帝颁令关闭基督教以外的学校，他就是最后被逐出雅典的哲学家之一。然而，尽管我们只能透过昏暗的玻璃碎片观看米利都人，并且只能透过因他们的思想而形成的悠久传统观看，我们依然能够识别出一些真正属于他们的东西。

泰勒斯

“古希腊七贤”的名单有数种版本，但每个版本都包括泰勒斯。他以敏锐的政治家和睿智的公民而著称。他也是天文学家、数学家和“物质主义者”（physicalist）。也就是说，泰勒斯类似我们今日的“物理学家”，试图理解自然的运转。

不难揣测，泰勒斯必定似温斯顿·丘吉尔爵士或托马斯·比彻姆爵士，是一个出类拔萃的人物，这样的人物，很容易被后人编造各种动听的轶事或名言。这里引用第欧根尼·拉尔修的三则轶事，让读者领略其风情：

> 被问及他见过的最稀罕的东西，他答道：“年迈的暴君。”
>
> 被问及何事困难，他答道：“了解自己。”何事容易？“给别人出主意。”何事值得高兴？“成功。”
>
> 据说，他母亲催促他成婚，他回答说，太早；过了几年，她再次催促，他回答说，太迟。

在柏拉图的《泰鄂提得斯篇》（*Theaetetus*）里，泰勒斯被简练地描绘为典型的哲人，知道“人的本质”，却“不认识隔壁的邻居”。“他观察星辰，眼望天空的时候掉进一口井。色雷斯的女仆机灵又风趣，说他太关心天上的事，以至于看不见自己脚下的路。”

相反地，另一些故事则把他描绘得具有实践智慧，说他预见今年橄榄丰收，便提前廉价租赁城里全部榨油坊，因此赚到大钱；也有些故事说他有政治头脑，吕底亚国王克罗索斯与波斯作战之时，他拒绝给予援助，米利都从而避免了与波斯发生灾难性的冲突（克罗索斯最后战败）。在《政治学》里，亚里士多德转述榨油坊的故事，并且严厉指责这类故事完全不能说明泰勒斯具有任何特殊智慧："利用时机搞垄断，这是经商的普遍原则。"

关于泰勒斯的实际成就，最有确凿证据的事发生于公元前585年5月28日。他预言那日会出现日全食。据希罗多德记载，米底人（Medes，也即波斯人）与吕底亚人摆开战阵之时，日食准时发生："白天突然变成黑夜……于是，他们停止争战，急切地议和。"那么，泰勒斯如何预测天象？他只能根据自己所掌握的巴比伦和埃及的天文知识，再加上一点运气。古老巴比伦天文记载，阴历每隔223个月（被称为"沙罗周期"）出现日食。如果泰勒斯亲眼目睹或听闻公元前603年的埃及日食，就能预料公元前585年也会出现日食。他最幸运的是，日食恰好发生在适当的地点和关键的时刻。

据传说，作为天文学家和气象学家的泰勒斯，证明一年有365天，推算夏至和冬至的日期，估计太阳和月球的体积。

希腊最著名的几何学家欧几里得（Euclid）生得较晚，大约生活于公元前325—公元前250年。然而，在这些最早期的人物中，泰勒斯享有崇高的名望。我们可以看到，他那些有名的成就都具有实用价值，而不似后世希腊几何通常专注于推理论证和演算。譬如，为了计算金字塔的高度，他选择在人影与身高相同的时刻丈量金字塔的影子。他制造一个简单的装置，测量航船与海岸之间的距离（如果来者有敌意，这个信息就很重要！）：一根笔直的棍子，顶端固定一条横杆，横杆可以朝下呈现任意角度。将这个装置插在塔顶、山顶或者高楼，调整横杆的角度，直接对准船只。然后扭转木棍，将呈角度的横杆对准陆地上选定的对象，这个对象与塔顶或山顶之间的距离预先测量。具体地说，船的距离大概等于这个预先测定的距离。泰勒斯几何学的最后一个范例，与其说是证明直角，不如说体现几何装置确定直角的实用性，这在建筑方面尤其重要。先构造一个圆圈（很容易），然后通过圆圈中心，用一条直线作二等分，直径两端与圆周上任何一点相交都形成直角。

物质主义者泰勒斯

泰勒斯站在现代人所谓的自然科学的开端，被视为以理性论述物质世界的第一人。这个名声主要源自三个被归功于他的命题。

第一个命题，水是万物最基本的构成元素。为什么是水？也许是因为水能够以固体、液体、气体存在；或是因为水只有源自水本身，显然没有其他任何来源；或是因为泰勒斯看到万物通常不能没有水。更深刻的理由（请注意，是理由，无论这个理由多么误导，都不是信仰或神话）源自第二个命题：整个地球浮在水面上。那么，地震的理性解释便是，地球如同一条船在水面摇晃。与其他问题一样，二百多年后，智力卓绝的亚里士多德大笔一挥，轻易地驳斥这类诡怪的看法：

> 泰勒斯认为地球静止，因为它能似木头或此类事物一般漂浮……然而，如此之下，他便忽略同样的道理也可以应用于支撑地球的水。土的本质不是永久悬浮，同样地，水的本质也不是。（《论天》，第二卷）

地球静止悬浮于水面的思想，泰勒斯可能学自埃及、巴比伦、犹太宗教的神话。《圣经》的叙述体现类似的观念：“起初……渊面黑暗，神之灵运动在水面上。”与《圣经》不同的是，泰勒斯提出想法之时，显然并非作为信条式的真理。他尚在世之时，阿那克西曼德就已提出

泰勒斯观望星空，即将掉到井里

另一个更好的观念，说明地球如何能够静止不动。阿那克西美尼则提出迥异的观点，主张万物最基本的构成元素是空气。泰勒斯活得久，生活在人情关系密切的城市，从而得以了解、探讨所有这些迥异的观点。

在我们看来，泰勒斯的第三个命题可能会显得十分诡怪。若用最简单的转译法，他的意思是“磁铁具有灵魂”。这个命题听似荒唐，实则不然。“灵魂”的希腊语原词是“psuche”（ψυχή）。后世的哲学家，诸如柏拉图、亚里士多德、伊壁鸠鲁，赋予这个词不同的含义。然而，在最早的用法里，说某物有psuche，就是指此物会动或者活着（empsuchos）。生命的一个特征就是有能力导致自身或他物的运动。磁铁（或天然磁石）具有这个能力，因此，它有生命。这结论虽错误，却并非主观臆断或非理性的捏造。

宇宙的本质

古希腊语“phusis”（φύσις）意为“自然”，包括人造物和人类活动成果以外的一切万物。倘若有人（譬如阿那克西曼德）撰写一部

泰勒斯玩测距仪

“论自然”的著作，那么，这部著作的主题就是现代所谓的自然世界的物理结构或运作。在这层意义上，泰勒斯关于“水是万物的最基本元素”的命题，实则是一种非宗教、非神话的最早尝试。他企图在纷繁的万物之下，寻找一种共同的起源。阿那克西曼德虽提出不同的答案“空气是万物的最基本元素”，但他也在回答同一个崭新的问题。

你或许认为，这两种答案都有些呆傻。然而，我们须知道，思考这个问题本身便是一桩宏伟的成就。这个问题何以出现？万物以无数不同的东西构成，难道不是显而易见的事实？当然！正因为太显而易见，所以无人提出这个不太显而易见的问题：万物可能有一个共同的基本物质。设若从未有人提出这个不太显而易见的问题的话，我们现在就不会有化学或物理学。幸好，泰勒斯提出了这个问题。

犹太宗教的神，曾是也依然是可畏、不可见、永恒的创造者，是解释万物如此这般的终极原因。然而，你崇拜这个神，并不能从而知道自然万物如何运作，它们以什么构成，或者创造者如何构造这个我们必须自己摸索其奥秘的宇宙的。造端之时，威严的神封禁所有问题。

异教徒的神（与荷马同辈的人，赫西俄德在现存被称为《神谱》的著作里，讲述诸神的关系和活动）采用泛灵论的神话，解释自然界发生的事。譬如，一位女神从冥界返回人间，就有了春天。诚然，这种解释也是预先制止自然科学的疑问，却不似耶和华那般绝对不容置疑。异教徒并没有非信不可的宗教故事。更重要的是，赫西俄德的神不是整个宇宙的终极原因。他们未曾创造宇宙。何况，他们也害怕“荒芜的大海与星空之间的黑暗边界”。思想豪迈的米利都人，正是在这个边界探索，提出无人问过的问题。宇宙是什么做成？如何运作？从哪里来？生物如何出现？之后的150年间，这一系列问题将引出一个至今让人依赖的惊人答案：原子论。

阿那克西曼德

阿那克西曼德将米利都人理解自然的努力更推进一步。他认为我们现在所拥有的作为整体的世界，以及构成世界的万物，都源自（没有神的干预）先在的、无生命的无限。为了形容这个无限，阿那克西曼德创造出已知思想史上的第一个抽象科学术语：to apeiron（τὸ ἄπειρον）。古希腊语的“to”是中性单数定冠词，即英语的“the”。在日常用语里，apeiron指未封闭或不确定的区域。譬如，望着沼泽地或沙漠时，我们感觉“广袤无垠”。阿那克西曼德赋予这个词一种特殊的含义：无限。空间的无限、永恒和不确定性，已知万物“依据时间所制定的安排”，都是从无限而来，最后化解回到无限。加引号的句子出自辛普利修的记载，可谓是欧洲已知的第一个科学陈述。阿那克西曼努力思索的这些概念，正是我们轻巧地称为“自然法则”的东西。在当时，这些法则尚无系统阐述，也不存在诸如“自然法则”等通用术语。

那么，设若地球从无限（to apeiron）而来，此事又是如何发生的？阿那克西曼的答案取消了泰勒斯的地球定位问题。他的答案：地球无需固定。无限之中的旋涡形成地球。一锅搀杂着碎屑的液体被搅动之时，碎屑就会沉积到旋涡中心。地球便是如此形成。并非平坦如锅盖，漂浮在水面，而是一个圆柱体，不须任何支撑。亚里士多德替阿那克西曼德提出一个解释，说无限自有一种“超然”，“位于中心的东西，与两端的距离相同，并无特殊的冲动想朝一个方向而非另一个方向移动……因此，它便留在原地不动”（《论天》，第二卷）。古人关于地球静止不动的难题，源自两种看似截然相反的观察。其一，地球固定于原地，不坠落；其二，无支撑之时，所有的物体都会坠落。及至公元前300年，在重力或引力这一概念出现之前，阿那克西曼德（或亚里士多德）的“超然”是人类所企及的最抽象的思想。

然而，如果地球从无限而来，那么生命，尤其似婴孩这种脆弱的生命萌芽，又是如何生成的？阿那克西曼德的答案似乎有两部分。他首先解释淤泥干燥之后变成陆地。米利都的海岸泥沙淤塞，形成曲流地形，形象地展现这个过程。我们称为“化石”的东西，阿那克西曼德似乎认为是淤泥里的东西，干燥之后留下印迹。他将这些东西作为论证的第一手材料。其次，阿那克西曼德试图解释生命的起源。他认为最早的动物出现在淤泥里，是一种浑身多刺的树皮。公元1世纪晚期，埃蒂乌斯（Aetius）记载：“成熟之后，它们转移到较干燥的地方，它们的树皮开裂，以另一种形态存活短暂的时间。”当然，这不是达尔文意义上的进化论，也不是亚里士多德的物种不可改变的错误理论，而是试图解释生命如何开始。这个答案虽谬误，却能激发更多思考。

米利都人提出新鲜的问题，他们的解答也以久远的陌生感，焕发新意。这种解答方式标志着“科学方法”的开端：答案建立在某种推理和证据的基础之上，然后接受纠正或他人提出的其他理论。最重要的是，这些答案不是被供奉在公认的宗教终极真理的教条体系里的。在这层意义上说，泰勒斯、阿那克西曼德、阿那克西美尼将人类探索带上一条唯在危险时刻才会偏离的道路，即自由探索的道路。苏格拉底将会作出权威性的描述，称这条道路为“跟随证据的指引”。

为何是米利都？

理解宇宙的努力为何始于米利都，而不是别处？比如巴比伦？至少，巴比伦早已开始用精确的数学绘制天体运动，包括太阳、月球、星辰（包括行星、“游星”），代数知识也很精深。

我们虽难以肯定其中的缘故，然而大概揣测，最显然的理由可能是巴比伦和其他国家绘制与预测天体运动，是为宗教和占星术，用来计算祭祀、播种和收获的日期，预测政治局势。再者，数据的收集者是祭司。因此，追问观察数据的本质并不能帮助他们实现目的。星辰是神祇的作品，这就是你需要知道的全部，也可能是应当知道的。那么，是什么让米利都以及整个伊奥尼亚地区如此与众不同？

公元前6世纪，米利都是一座独立、强大而繁荣的商业城市，与叙利亚和埃及进行海上贸易，大概也与波斯、美索不达米亚进行内陆贸易。因此，城中的商贾和首脑人物完全有机会接触美索不达米亚积累的天文知识和埃及的实用几何学。简言之，他们拥有信息的重要渠道。

其次，米利都富庶强盛（希罗多德称它为“伊奥尼亚最大的装饰品”），从而能够养育一群悠闲地思考与争论的人，他们不必担忧谋取下一顿饭或者抵抗又一支敌军。还有，意气相投的人都聚集于此：旷达之士自由地推想，与人争论，而不必惧怕招惹私人的仇恨或民众的骚乱。

最后也是最关键的是，在米利都，正如在整个伊奥尼亚地区，以及之后希腊世界漫长的时间里，宗教是公民活动，城中最杰出的公民几乎承担所有宗教职责。宗教职责不是责任，而是实质性的权利。宗教包括礼法、仪式、祭典、祭品、诠释征兆、解读神支持或反对某个求告的行动、敬畏神祇及圣所，以及无数细微的迷信行为和观念。自荷马和赫西俄德以来，神便被视为这个世界的一部分，而非另一世界的存在。他们并未创造物质世界之外的“神的世界”。也许有些读者觉得难以理解，但是，公元前6世纪的伊奥尼亚，几乎不存在“神”与“物质”、这个世界与另一世界之间的区别。只有一个世界。这个世界的有些居民永恒不死，格外强大，通常不可见。他们是神。人类探索这个人神共享的永恒的宇宙，追问宇宙的本质，并不会冒犯神祇。两个世界的观念最早出现于色诺芬尼的著作，希腊西方城市的毕达哥拉斯派则更大力宣扬这个主张。然而，及到柏拉图，两个世界的形而上学才得到全面、理性和系统化阐述，从此以后，深刻地影响着所有西方信仰。

这条道路通往未来：前苏格拉底哲学

自此以后，众说纷纭，庞杂繁芜。“前苏格拉底哲学”这个术语指代一段不确定的时间跨度，包括无数名字、相互矛盾的观念、记载不准确的论辩。因此，这段历史难以概述。学界通常将公元前399年苏格拉底逝世之前活跃的思想家（柏拉图除外），全都列入前苏格拉底哲学家。

这段时期大约有三四位知名的哲学家，三十余位为人所知的名字，也许可以再罗列四十余位专家学者。在他们当中，有伊奥尼亚的原创思想家毕达哥拉斯、色诺芬尼和赫拉克利特（Heraclitus），他们的活跃时期与米利都哲学家有所重叠。有一个重要的哲学流派埃利亚学派（Eleatics），迁移或定居于意大利南部或西西里岛，他们所探索的不再是关于物理世界的问题，而是最早的哲学问题。余下的大多哲学家活跃于稍晚时期，生活在爱琴海北部海岸城市，通常复归物质主义者的沉思。最后，这个时期出现大量智者（Sophist），他们是以教育为业、广游四方的人生导师。苏格拉底被誉为最后也是最伟大的智者。

下章重点介绍两个精英群体：伊奥尼亚的原创思想家和埃利亚学派。第七章再着重介绍物质主义者，主要代表人物是留伯基（Leucippus）和德谟克利特，因为这一流派自然地过渡到伊壁鸠鲁和原子论。第五章在介绍柏拉图之前简单地介绍智者。

第四章

伊奥尼亚与希腊的西方城市：律法、数字、现实

有心或有幸游览意大利南部那不勒斯的人，可以轻易地看到希腊和罗马古典时代留下的废墟。但有一个事实可能让人觉得难以理解：这些典型的意大利城市，在最初的六百余年里，竟完全属于希腊文化。

罗马人称这个地区为Magna Graecia，希腊人则称为Megale Hellas。在不同的历史时期，“大希腊”地区的疆域界定各有不同，但总是包括库迈（Cyme，通常使用拉丁语拼写Cumae），还有西北16千米外的那不勒斯，以及意大利靴尖和靴跟处的城市。在有些历史时期，“大希腊”甚至包括西西里。公元前8—公元前6世纪，希腊大陆人来这里开辟海外定居地，早期的定居地通常为贸易城市，或者为容纳母城过多的人口而建立。库迈属于最早的海外定居地，大约在公元前740年创建，克罗顿（Croton）大约在公元前710年创建，帕埃斯图姆［Paestum，创城时名为波塞冬尼亚（Poseidonia）］大约在公元前600年创建。埃利亚（Elea）位于帕埃斯图姆南部60千米，大约在公元前540年创建。

在思想史上，克罗顿（现名克罗托内）、埃利亚（现名卡斯特拉玛雷）几乎与米利都享有同等重要的地位。毕达哥拉斯从萨摩斯迁移到初创的克罗顿，在这里创办以本人名字命名的半宗教哲学崇拜，研究算术几何，用数学分析音乐。色诺芬尼在这里长期定居。巴门尼德

（Parmenides）生于埃利亚，与芝诺（Zeno）一起在这里创办独特的哲学“流派”（传授与探讨一套密切关联的思想）。在米利都的物质主义者之外，巴门尼德的流派最早明确地提出自然世界的问题：真实是什么？运动是什么？真实的东西能否无限地分割？我们的语言与真实的东西之间如何相联？

这些问题属于最早的哲学或形而上学（意为“自然的背后”）。这些问题依然困扰着我们，而问题的萌芽也许可以追溯到伊奥尼亚的原创思想家色诺芬尼和毕达哥拉斯。但在这个异类群体中，第三位人物既极其古怪，也极具影响力。他就是赫拉克利特。因此，阐述毕达哥拉斯派和埃利亚学派之间，我格外留出空间，详细地介绍此人。

毕达哥拉斯派

勾股定理被归功于毕达哥拉斯，因而人们对他的名字会感到亲切熟悉，但对他本人却不会。在古代，毕达哥拉斯及其秘仪崇拜既受人推崇，也被人嘲笑。饶是如此，毕达哥拉斯的生平却鲜为人知。

公元前570年，毕达哥拉斯生于萨摩斯。比他年轻30多岁的赫拉克利特尖刻地评论（当然，他对大多数人都尖刻。因此，我们也许不该认为这是有的放矢）：“毕达哥拉斯……练习研究绝大多数人，抄摘他们的著作，宣称是他自己的智慧，实则只是掌握一些知识。”再有，“渊博的知识不能教人学会理解，否则，赫西俄德和毕达哥拉斯早已学会。”

尚且不论他有无理解力，知识渊博的毕达哥拉斯似乎一直生活在萨摩斯，及至公元前530年左右，他不满岛上执政的贵族，便迁移到新开辟的定居地克罗顿。公元210年的罗马作家第欧根尼·拉尔修记载：

[在这里] 他与他的追随者受到极大的推重；近三百余人，他们的政事治理能力出众，把这个城市的体制实则转变为真正的贵族制，由最好的公民负责统治。

在这点宝贵的信息之后，第欧根尼写下二十余页，絮絮叨叨地讲述一些无稽之谈。譬如，“某某人说，他……另一些人说……”结合其他渠道的信息，我们大抵可以得出结论：毕达哥拉斯在克罗顿创办教派或学校，从中衍生两个传统，即数学与神秘两大分支。

《形而上学》写于毕达哥拉斯逝世170年后，在其第一卷中，亚里士多德采用唐突得近乎谴责的语调，描述毕达哥拉斯的数学理论：

这些所谓的毕达哥拉斯派哲学家，也从事数学研究……研究之后，他们开始相信数学原理便是万物的原理……天际的运行与构成部分，宇宙的整个秩序，无论何物，但凡能用数字和比例体现的，他们全都收集起来，寻找各种关联。倘若某处缺乏关联，他们便匆忙补充，以便将自己的体系联结为通顺的整体。

亚里士多德批判毕达哥拉斯的这番话，我们即便不作繁琐的解构，也能明白他在批评毕达哥拉斯学问粗疏，充其量为冒牌货。

“数字比例是万物的基本原理”这个过于宏伟的结论，大概源自另一个被归功于毕达哥拉斯的重要发现。希腊里拉琴的八度音阶的基本旋律，可以表现为前四位整数的简单比率，也即后世的音阶。后来，这个发现与数字的神秘主义相混淆，同时点燃导火索，最终促使数学描述被应用于物理学，从而引发该领域的知识爆炸。

再有，勾股定理并非毕达哥拉斯的原创思想，也许是他将这个定理纳入算术几何系统的。但是，数世纪之前，埃及的土地勘测员便在建筑工程使用勾股定理，尤其是3∶4∶5的直角三角形原理。

毕达哥拉斯的秘仪崇拜涉及数字魔法、“天体的音乐”和完美的比例等，让古人也让今人觉得惊奇又荒谬。他们最重要的哲学命题（或教义，依各人的看法而异）主张身体与灵魂可以相互分离。荷马式自然主义也相信有生命的人类与死后形容枯槁的幽灵，但几乎从未暗示灵肉分离的观念。还有，毕达哥拉斯派的信徒相信灵魂转世。他们推论，灵魂或人的持续的身份，在生命交替过程中具有前世的存在，死后投胎转世为有生命的存在，但并不必然转世为男人或女人。这个

毕达哥拉斯，投胎转世为公鸡，试图画一个直角

学说引发颇为有趣通常也相当荒唐的后果。就连色诺芬尼（毕达哥拉斯的同代人）也忍不住传播不经之谈，转述这样一个故事：

> 某天，某男子打一条狗。他正好路过，他们说，他可怜那条狗，便喝道："住手！它是我朋友的灵魂。我从它的声音听出来的。"

数百年后，妙语惊人的讽刺作家琉善在数篇对话中大肆嘲讽毕达哥拉斯。譬如，在《梦》里，毕达哥拉斯转世为健谈的公鸡，被问及他为何设置律法反对吃肉或豆。反复追问之下，他摆出窘相，说道：

> 倒也不是出于明智或智慧，我只是觉得，我若制定一些普通的律法，与一般立法者制定的没有两样，便不能让人对我产生好奇。然后我又觉得，我愈偏离常规，在人们的眼里，我就愈发显得威风。所以，我选择一些离奇的律法，然后绝不泄露制定这些律法的原因，让人反复揣测，相互猜疑。瞧，你笑话我！

问话人答道："不是笑话你，而是笑话你的追随者。"在《哲学待售》里，琉善用一句话道尽毕达哥拉斯的本事。问题："毕达哥拉斯最懂什么？"答案："算术、天文、冒牌、几何、音乐和骗术。"人们推测，毕达哥拉斯禁止吃肉，也许是因为怕嘴里咀嚼的肉实是他自己的祖母。至于禁止吃豆的原因，人们的推想从轻浮到淫秽，层出不穷。

科洛封的色诺芬尼

色诺芬尼是颇有声望的挽歌诗人，生平喜爱半哲学式思考。亚里士多德视他为任率简单。他大约在公元前570年生于伊奥尼亚的科洛封（Colophon），25岁离开故城，大概是逃离新建立的波斯宗主权。在余下漫长的生涯里（至少活到92岁），他在大希腊各地游荡，在西西里的数座城市长期寄居，也很可能曾经寓居埃利亚和克罗顿。他提出两大开创性的思想。

色诺芬尼构想惟一的神，外表与心灵都无任何人类品质，尤其没有像赫西俄德和荷马般赋予神祇以“可耻”的人类特征。在幸存的一段引文里，他论述道：“牛马狮子若有手……马就会描绘似马的神，牛的神就会像牛”；然而，“只有一个神，在诸神和人类中间最伟大［请注意：他的“一个神”不在诸神中间］，外表和心灵丝毫不似凡人。”这个神“以整体观看，以整体思考，以整体聆听”。然而，“他不劳作，以心灵的思考让万物运动”，并且“总停留在同一地方，完全不动”。这些只言片语，将会在巴门尼德那里得到深入的阐述。

色诺芬尼提出绝对不似人类的神，这个思想开启希腊哲学的一神论与亚里士多德的“不动的动力”。然而，与亚里士多德的神一样，色诺芬尼这个神太遥远、太无人性，从而不能被等同于犹太人的神，或者未来的基督教或伊斯兰教的神圣观念，因为后两者的神至少具备一些人类心灵特征，从而信徒们可以说，他们的神慈爱、公平、宽恕等。

在色诺芬尼幸存的思想当中，第二个开创性的思想是怀疑感觉。这个思想暗示我们所感知的东西与真实的事物之间存在差距：“一切俱为给凡人观看而存在的表象。”再有，“在此声明，这些话纯属推测，近似真实。”还有更明确的说法：

> 对于某些真理，无人见过，也永远不会有人真正认识神，认识我提及的所有事物。因为他若能成功地讲述所有完全真实的东西，他自己必定并无这个意识，个人意见掩盖一切事物。

正如现代的停车规章，对于古代残缺或艰涩的文本，权威学者们提出迥异的诠释。然而，有一点毫无争议：在亚里士多德之后，希腊哲学疯狂地滋生怀疑主义，追问语言与现实之间的关系，人类不可或缺的感知经验与真实世界如何关联。怀疑主义所提出的问题，实则从未消失，色诺芬尼只是推动了这个潮流。再者，由于色诺芬尼所评述的历史时期，他必定熟悉艾菲索斯的赫拉克利特与埃利亚的巴门尼德之间相互矛盾的理论，前者认为一切处于变化的状态，后者则认为现实同一、不动。这些相对的观念，势必让人怀疑真理的可能性，或者即便掌握真理，人们能否知道自己已经掌握。这种态度迥异于荷马。《伊利亚特》只是忧伤地接受人类缺乏知识这一事实："你是女神，永远存在，知晓一切，而我们只能听闻传说，一无所知。"（第二卷，第484—486行）对色诺芬尼与后世的思想家来说，这种怀疑态度实是理性地回应当时的哲学问题。

艾菲索斯的赫拉克利特

赫拉克利特常被称为"玄者"（σκοτεινός），是特立独行的"伊奥尼亚原创思想家"中第三位人物。约公元前540年，他生于艾菲索斯，60岁左右在故城逝世。自公元前546年以来，艾菲索斯隶属波斯帝国，因此，赫拉克利特虽在思想上推崇独裁，却终身为波斯皇帝的臣民。

他可能从未撰写过系统性的论著，幸存的文本包含许多文辞严谨、含意隐晦的警句，还有盘诘性的观察。这些片段互不连贯，却饱含合理的思考，可以印刷为10页现代书籍。在前苏格拉底哲学家当中，只有德谟克利特的残存文本，能够超过10页。然而，德谟克利特原本就是高产作家，赫拉克利特则不是，但他的文本最适合引用：

> 宽宏大量就是温和地忍耐不识相的人。
>
> 蠢人在倒霉事里学会明智。
>
> 敌人不是伤害，而是想伤害别人的人。
>
> 并非所有人情都是朋友：我们说什么有用，同意我们的人，就是朋友。
>
> 好事，求了也难来；坏事，不求自来。

后世涌现无数著述，研究这位奇人。他这些工巧的言辞，总是引发争议。下面这段简短的概述，也许可以略微呈现赫拉克利特的主要思想，而不致招惹太多学者纷起攻伐，欲置我于死地。

这个句子可能出自赫拉克利特（如若真出自他）著作的开头：

> （艾菲索斯的赫拉克利特如是说）关于logos（逻各斯）这个言说，此事总是无人理解，无论在听闻之前，或是初次听闻之时。万物遵循逻各斯，而我根据每个事物的本性加以区分与言述，人们依照我的名称，尝试使用这些词语和事实之时，就像是未经考验的新手一般。

这里的行文故意模棱两可，譬如，“总是”既可以指人类，也可以指此事。这是赫拉克利特惯有的写作方式，而非翻译矫揉造作。在古典哲学里，“logos”有许多含义，并且这些含义在时间里衍化，依作者的意图而定义。赫拉克利特写于哲学史早期，因此，他所谓的“logos”，接近此词的基本意思，也即“故事”或“言述”，但也蕴含一层较宽泛的意味，指解释某物本质的陈述，或者解释万物如何运作的法则。然而，鉴于他从未完全地阐明，或者他的言述早已遗失，我们又能如何评价？

或许可以说，这是一个客观法则，仅关涉我们身外的事物，但我们也包括其中。人们可以通过观察世界认识这个法则：“依靠观看和听闻，可以学会所有这一切；这是我最推崇的方式。”这个观点涉及对立面的矛盾。在琐碎的语言层面，“上”与“下”是对立面。然而，这些词语只能在相互关联之时被理解。这个道理也适用于“热”与“冷”、“湿润”与“干燥”以及其他截然相对的属性。赫拉克利特似乎说，自然界也是类似：火与短暂时间内具有固定属性的东西都具有永在变动的对立和冲突。赫拉克利特使用“点燃”与“熄灭”这两个词语。万物遵循一种可以理解的真理言述而变化，这个过程应被称为“争持”。在这场争持里，自然界那些可以理解的变化源自火，人类事务的变化，则源自战争。（因此，列宁很欣赏赫拉克利特！）

面对这堆棘手的思想，我们大概可以预料赫拉克利特最终会说的那个最著名的警句。因为自然法则逻各斯是火与万物之间持续、变动的对立，没有一个事物具有绝对的永恒。真实之物总在变化：“不可能两次踏进同一条河。”我们用固定的名称指代事物，视其为始终相同，譬如泰晤士河，这些事物实则不断地变动；在这层意义上，这句话的道理很显然。然而，赫拉克利特的涵义更宽泛，而且不那么显然。借助河流这个醒豁的譬喻，他说人们可以通过观察去了解现实的本质：在某些方面，一切总在变动。今日的自然科学依然在回应这个挑战，期望为赫拉克利特的逻各斯填充内容。

最后一句按语：“神”这个词语屡次出现于赫拉克利特的语录，无数鸿博之士为此挥洒笔墨。然而，无论这个“神”对赫拉克利特有何意味，至少它决不是现代人所设想的神。赫拉克利特的神更似宇宙的根本的整体性、连贯性，这个神也许是智性的，但决不会袒护人类：“对神来说，万物都是美、善、公正。”再有，“神是白天黑暗，夏季冬季，战争和平，餍足饥馑。”神是所有存在的有秩结构。斯多噶派推崇赫拉克利特，继承这个思想，并将之发挥得绚丽璀璨，认为神是永生的火，是自然界一切秩序的终极原因。

埃利亚学派

巴门尼德（约公元前510—公元前450年之后）是埃利亚的公民，大约年轻25岁的芝诺也是。二人最早开始现代意义上的哲学争论（设若不是采用现代的形式）。关于巴门尼德的著述，哲学教授若要在课堂上讲论他的哲学诗歌（是的，是韵文）幸存的漫长残篇，必定会提前警诫学生，否则，教授的心里难免恐慌。关于芝诺的思想，亚里士多德的《物理学》转述其无限可分性的悖论。芝诺所提出的都是数学和哲学中最深刻、最棘手的问题，但这些问题都不难理解。

在这里，我不想拿巴门尼德的理论麻木读者的头脑。姑且引用他的哲学诗开篇，让你充分地领略他的写作风格：

> 你须思索的只有这两条探索的道路：一条是存在者（It is）的道路，存在者不可能不存在（To be），这是可靠性的道路，因为它的旅伴是真理；另一条是不存在者的道路，并且注定将要不存在。我告诉你，不可去探索这条路，因为你既不能辩识不存在，也不能表述不存在……可能被思考者与能够存在

者相同……存在者无生成过程……它是整体，无运动，无尽头……它是当下，一个所有同在的整体、一、连续的……

如何？初读之时（或者再读之后），你或许觉得这段文字不知所云。初步的梳理须先区别“to be”（εἶναι）的三种用法。在巴门尼德之前，这个词没有不同的用法；在他之后，这个词的用法在某种程度上被他搅乱。

其一，εἶναι指存在，譬如“月球上存在水”；其二，εἶναι指预测，譬如“月球是寒冷的（具有这种特性）”；其三，εἶναι指等同，譬如“晨星是（等同于）昏星”。诚然，这里并非只有混淆，也包含着深刻的哲理。巴门尼德主张，“存在/不存在”这个语言的区别，相当于能表述与不能表述之间的区别；这个区别转而相当于存在、真实之物与不存在、不真实之物之间的区别。再者，所有存在与真实之物，是也只能是εἶναι。因此，现实是一、是静止。

你若觉得困惑，那么你的感觉与公元210年的第欧根尼·拉尔修并无二致。拉尔修学识广博，即便极其遥远的古人，他也能设法找到一些遗闻轶事。然而，他对巴门尼德显然一无所知。他勉强抄录数段无关哲学的荒谬事，然后索性放弃这个话题。也许你想要超越拉尔修，非要弄个清楚，那么，请参考本章结尾的推荐书目。

埃利亚的芝诺的悖论

依据巴门尼德的论述（体裁虽是韵诗，仍不失为一篇哲学论述，而不是形而上学的神秘主义的断言），现实是一、不变，也即静止不动。芝诺的运动悖论旨在揭示你若认为运动是真实的，就只会显得

“更加荒谬”。

在《物理学》第六卷，亚里士多德记载了四个悖论。阅读这些悖论时，我们的最初反应可能无异于亚里士多德，只是我们缺乏他清晰又精彩的推理，尽管这一次他的推理也并不那么确凿有力。由于我们都能目睹与知晓的证据，我们和他一样，都会说这些悖论明摆着误导人。然而，切忌仓促地否定。若不然，你可能会招致20世纪最伟大的一位数学哲学家的斥责。伯特兰·罗素论道：“他［芝诺］创造四种论述，俱微妙深刻之至。后世粗俗的哲学家，将他断定为别出心裁的杂耍艺人，视其论述被为智者的诡辩。”在这里，我略过第四个悖论，因为它过于繁琐，难以描述或解释。

第一个悖论：两分法悖论或跑道。在这个悖论里，芝诺宣称运动是不可能的，因为无论移动者（譬如赛跑者）多么接近一点（譬如跑道终点），移动者须先抵达一半距离，在此之前，须先抵达一半的一半距离，如此往前推，无止境地先抵达一半的一半距离。因此，移动者永远不可能动起来。图示如下：

R若想抵达F，必须先抵达中途的H。然而，若想抵达中途的H，又必须先抵达$\frac{1}{2}$H。然而，为了抵达$\frac{1}{2}$H，又必须先抵达$\frac{1}{2}$H的中途，也即$\frac{1}{4}$H。为了抵达$\frac{1}{4}$H，必须先抵达$\frac{1}{8}$H，在此之前，又必须先抵达$\frac{1}{16}$H，在此之前，又必须先抵达$\frac{1}{32}$H，在此之前，又必须先抵达$\frac{1}{64}$H。如此无穷地两分。

第二个悖论：阿喀琉斯与乌龟。关于这个悖论，连亚里士多德也说："第二个悖论被称为'阿喀琉斯'，意在展现最慢者永远不会被最快者超越。由于从任何一个特定的时刻，在追逐者赶上被追者之前，必须先抵达被追者在同一时刻开始的地点。因此，缓慢者始终位于迅捷者前面的一段距离。"

这个算术适用于阿喀琉斯让乌龟先跑的任何一段距离。如果假设阿喀琉斯（显然十分迅捷）慷慨地同意让乌龟（显然极其缓慢）先跑半程，这个悖论就更容易理解。图示如下：

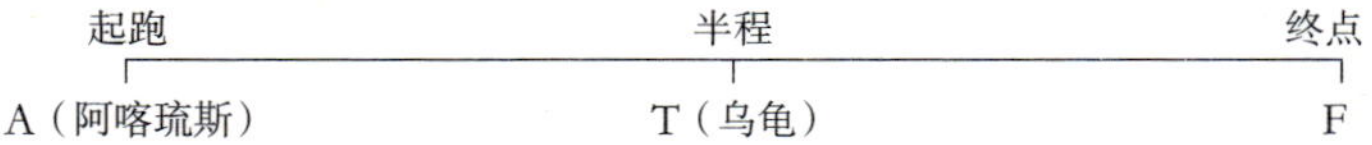

为了让这个陈述显得更现实，我们现在假设，这只乌龟禀赋殊异的运动天才，无论阿喀琉斯的速度有多快，乌龟至少也能跑上几步，爬过一点距离，而不是闲蹲着，如同乌龟们平常喜欢做的那样，缩头思索四脚间的宇宙。阿喀琉斯跑到乌龟爬过的地点之时（称为T1），乌龟已抵达T2（经过一段距离），因此

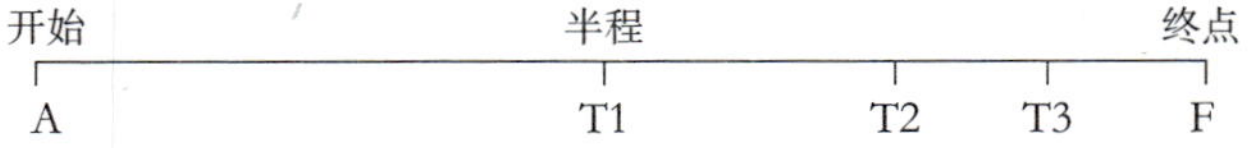

A抵达T2的时候，乌龟已往前跑一段距离，称为T3。A抵达T3的时候，T又往前跑一段距离，如此以至无穷。在每个时间段，A须先抵达T曾经到达的地点，而T必定早已往前跑，尚且不说这个距离多么短。因此，A永远抓不到T。

阿喀琉斯悖论另有一个版本。这个版本揭示一个逻辑/数学问题，正好是两分法的反面。设若把乌龟推出跑道，直接让阿喀琉斯从起点跑到终点。为了抵达F，他须先抵达中途。为了从中途抵达F，他须先跑过余下半程的半程。抵达半程的半程之后，他须先跑过余下半程的半程，如此以至无穷，总有余下的半程须先跑过，从而永远不能抵达F。

简而言之，两分法体现跑步者永远不能起跑，阿喀琉斯则永远不能抵达终点。因此，运动是假象；若不然，就是我们的描述方式错误。

第三个悖论：这个悖论认为在“当下”时间，运动中的物体，譬如一枚箭矢，占据与自身体积相同的空间，因此静止不动：运动者停留于此地。然而，鉴于在整个显然的运动过程之中，它都停留在“当下”，因此在每个“当下”，它都占据一个与自身体积相同的空间。因此，在现实里，它实则一直静止不动。

记得上学时，音乐老师对我们的审美鉴赏力很失望，便给我们讲述这个箭矢悖论。老师的话音一落，同班最爱耍嘴皮子的M.E.克拉克斯便挺身而出，说道：“先生，您前头先跑起来，我来投飞矢。”亚里士多德也同样地敏捷：“这个悖论根据当下的时间构成假设，设若这个假设不能成立，悖论便无从立足。”关于阿喀琉斯的悖论，亚里士多德也相当精简：“领先者在先之时不会被超越，但是，芝诺若允许它穿过有限距离的终点，它就会被超越。”无论是为收敛级数提出许多假设的数学家、我的同学克拉克斯，还是亚里士多德，他们大概都会同意这些悖论不代表真实发生的事件（当然，芝诺会说，貌似发生）。这里的问题是，依据悖论的描述，阿喀琉斯既不能开始，也不能结束，更不能抵达跑道的终点，虽然亚里士多德希望他能够允许。关于箭矢悖论的问题，关键在于时间是否以一系列“当下”构成；如果不是，时间是什么？因此，关键的问题并不在于我们都知道的事件，而在于事件的描述（芝诺式表达：“貌似发生的事件”）。这个描述带有一种让人不安的暗示：巴门尼德说得对，现实里，无物移动。

在你解开这些悖论之前，先用阿喀琉斯悖论的第二个版本，思索跑步者永远不能抵达终点。这个悖论的中心思想可以如此概括：跑步者与终点之间，似乎总存在一段或真实或不真实的距离。

若是真实的距离，那么这段距离确实能被平分，跑步者抵达终点的问题依然存在。若不是真实的距离，你就面临两个选择。其一，既然前一半是真实的距离，能够被平分，为什么后一半距离就变得不真实？其二，平分真实的距离之时，我们得到某种不真实的距离，那么，真实的距离如何成为所有这些不真实距离的总和？无论哪一种情况，这些难题都比数独游戏有趣，是不是？

推荐阅读

继续阅读。前苏格拉底哲学家数量众多，地域分布广泛。有些哲学家将在后文再次出现，但大多只能略过不提。卢斯的《希腊哲学概论》（*An Introduction to Greek Philosophy*，1992年）是浅显易懂的入门书。伯特兰·罗素（Bertrand Russell）的《西方哲学史》（*History of Western Philosophy*，2009年）对前苏格拉底哲学作出中肯又精彩的论述。另一部较艰深的著作是爱德华·胡塞（E. Hussey）的《前苏格

芝诺逃离一支飞矢

拉底哲学》(*The Presocratics*，1972年)。约翰逊·巴恩斯（J. Barnes）的《前苏格拉底哲学家》(*The Presocratic Philosophers*，1999年）最全面、最详尽，但有时也会让读者感到困倦。所有这些著作都将米利都的物质主义者纳入前苏格拉底哲学家。前苏格拉底哲学家流传下来的只言片语，至今没有统一的术语名称，数位权威学者编纂了一些英译文集，诸如凯瑟琳·弗里曼（Kathleen Freeman）的《从侍女到前苏格拉底哲学家》(*Ancilla to the Pre-Socratic Philosophers*，1947年)、约翰逊·巴恩斯的《早期希腊哲学》(*Early Greek Philosophy*，1987年）和罗宾·华特菲（Robin Waterfield）的《最早的哲学家》(*The First Philosophers*，2000年)。

第五章

雅典：苏格拉底、柏拉图和其他世界

公元前479年，普拉提亚战役解除波斯对希腊大陆的威胁；公元前404年，雅典在公元前431年爆发的漫长的伯罗奔尼撒战争中败给斯巴达。在这两大事件之间的时期，雅典臻及强大的政治权力与瑰伟的文化成就。这是伯里克利的时代。这个时代见证帕特农神庙的建造，索福克勒斯、欧里庇得斯、阿里斯托芬的戏剧。在这个时代末期，雅典哲学的开创人物有阿那克萨戈拉斯（Anaxagoras）、普罗泰戈拉（Protagoras），还有被称为智者的游方教师，最后一位智者便是雅典郊区的乡民苏格拉底（公元前469—公元前399年）。然而，雅典哲学家真实的、载入史册的成就，以及雅典在近千年间成为哲学传授中心的荣耀，实则始于公元前404年战败之后。

雅典战败之时，柏拉图（公元前427—公元前347年）尚是年轻的雅典贵族。公元前399年，苏格拉底被审判与处决之时，他碰巧罹患重病。他的哲学巨著都写于战败之后，正值雅典经历缓慢而痛苦的复苏之时。

最博大的哲学家亚里士多德，迟至公元前384年才出世，并且诞生地不是雅典，日后为投到柏拉图门下，才来到这里。然后，在公元前335—公元前323年，他再度到雅典授教。而他曾经的学生亚历山大大帝，则正在摧毁波斯帝国这个希腊世界的顽固的眼中钉。

苏格拉底：智者与方法

在公元前450—公元前400年半个世纪里，巴门尼德与芝诺的观点虽极尽隐秘玄奥，却传遍整个希腊世界。由于雅典的政治自由和稳定的社会局面，他们的思想激起智者和物质主义者的热烈回应，最著名的是来自偏远的海外定居地阿布德拉（Abdera）的德谟克利特。这些思想家依然在思考米利都哲学家开创的思想。他们的回应代表怀疑主义、人文主义、神秘主义和原子论的开端。

怀疑主义的典型代表是阿布德拉的普罗泰戈拉，他认为我们不能驳斥巴门尼德的观点，就事物的本质而言，一个物质主义者的推想与另一个物质主义者的论辩之间，我们根本无法区别。这既是因为我们没有明确的证据支持任何一方，也是因为即便我们掌握这样的证据，我们自己也不知道；无论哪一种情形，都会被巴门尼德或芝诺暗中颠覆。人们不由得气馁，觉得不可能完全认识某物。面对这种沮丧的情绪，我们就拿出悠久的常识对策：必须依赖自己的感觉。既然没有其他选择，我们索性无视巴门尼德最早揭示的形而上学的恐怖，尽力继续活着。

因此，埃利亚学派的形而上学激发了对哲学结论和某些知识的怀疑论调，也促使人们开始关注人类社会的机制，诸如政治和伦理的结构，如何在文明社会共存。在世界各地奔波、贩卖智慧的智者，便是从事这项业务。我们或许可以称这门业务为“传授做人的本事”。

米利都最早的物质主义者，似乎毫不关心人生的道德和伦理维度。他们是第一代科学家，思考宇宙的本质，而非人类的祸福。智者之后，无涉利害关系的纯粹的物质主义不再进入所谓的哲学家的思考。即便是最伟大的前苏格拉底物质主义者德谟克利特，在衍化原子论的同时，发展了一套伦理规诫和格言，足以构成一种关于人类社会的近乎功利主义的描述。亚里士多德既是科学家、形而上学家，也是道德哲学家。

在他之后，伊壁鸠鲁派和斯多噶派各自提出关于自然宇宙的精深理论，但是他们的理论伴随一种独特的生活方式。他们辩解道，自己的生活方式与物质宇宙最为协调，最能切实可行地应对我们身处宇宙须面临的问题。

雇佣智者的人，通常是想要在雅典等民主城邦亨通发达，得到政治权力。在现实生活里，这意味着通过公共演讲影响集会的民众。因此，智者首先传授演讲术，以及与之并存的修辞学。修辞学用来驳斥相反的观点（通常混淆语言的力量与合理性推理），注重争辩的话题，从而最终注重语言、语法和逻辑。智者也质疑现有的宗教与礼法，政治与社会习俗，这类行动在伯里克利时代的雅典倒还安全。伯罗奔尼撒战争期间以及战后，雅典社会日益黑暗困窘，智者的作派便十分危险。

所有战争，纵使现代反对种族主义和性别歧视等意识形态的战争，都会封闭一些言论自由。在雅典，苏格拉底就是这种封禁的最大受害者。有些雅典人视他为捣乱分子、“牛虻”，然而，他所质疑的不只是他的前辈或同代人。

苏格拉底没有著述，但他在其他作家的著作里引人注目。他出现在阿里斯托芬的戏剧《云》（公元前423年）里，在剧中深受嘲讽，宣讲一些过于聪明又乖谬的观点（尽管如此，在《会饮篇》，柏拉图描述苏格拉底和阿里斯托芬在酒宴上友好地交谈）。色诺芬的《回忆苏格拉底》（*Memorabilia*）以他为主角，将他刻画为作家和士兵；当然，他还出现在柏拉图的《会饮篇》《申辩篇》，其中讲述了苏格拉底在法庭作自我辩护。柏拉图以《申辩篇》为题写过另一版本的对话。在柏拉图的所有早期和大多数中期对话里，苏格拉底都是主要谈话者。柏拉图的晚期著作，尤其是最后一部最长的著作《法律篇》，几乎未曾提及苏格拉底。

在柏拉图的著作里，我们难以区分真实的苏格拉底与讲述柏拉图观点的苏格拉底，但至少能够清晰地看到被称为“苏格拉底法”（Socratic method）的哲学追问，在色诺芬的著作里则不太显著。后世一直沿用了“苏格拉底法”这个名称。

“苏格拉底法”采用谈话而非挑衅地追问我们对自己的知识或事物的本质的预设。苏格拉底先让某人宣称某物的定义，譬如爱、公正、知识、公平、虔诚或美。讨论开端可能先提出有利于自己的定义，“我现在所分派的就是公正”或者“我们所有的法律所实施的就是公平”。讨论开头也可能是试图寻找真正的定义：“知识即感知。”这个过程最终并非引向确定的定义，而是更清晰地理解问题的症结所在，领悟我们不加思索地接受的一些人生或社会或语言的事实，而那些事实并不像我们曾以为的那样显而易见。在柏拉图的《泰鄂提得斯篇》，苏格拉底提出一个著名的比喻，将自己比拟为接生婆。他自己不生产真理，“我的技艺的成就，是彻底地盘查年轻人的心灵里生长的思想，看它是虚妄、死亡，还是肥沃、真实”。雅典战败之后，在黑暗时代，这个批评的艺术害了苏格拉底，有些投靠斯巴达的雅典领袖视他为捣乱分子，捏造罪名指控他。再者，苏格拉底禀赋的操守，在政治上极不合时宜。于是，他被判死刑。但是，这个死刑是在他自己坚持要做城邦忠诚的公民之时才判决的。

苏格拉底：气节的理想

柏拉图有四篇对话，都是以苏格拉底最后的日子为主题。《欧绪弗洛篇》讲述苏格拉底被控告不敬神之后等候审判的日子。这篇对话询问何为“虔诚”（尽职的敬重，或者给予每个人应得的东西，这不完全等同于现代的意义）。对话过程中，出现宗教和道德里最根本的一个大问题：所有神祇都喜爱善（也即所有神或主神对善的定义），还是所有神或主神喜爱善的东西（也即善的东西被神认可，却又不依赖于神的意志）？讨论的意思偏向后者。然而，虔诚的定义尚未最终确定，主要对话者欧绪弗洛便匆匆离去，留下苏格拉底独自面对一桩官司，被指控触犯一个定义模糊的东西。在柏拉图的《申辩篇》，我们读到苏格拉底接受审判时的自我辩护。他的指控者们显然想驱逐他，而非置他于死地。苏格拉底却嘲笑这些罪名。法庭以280对220票断定他有罪。雅典的陪审团确实庞大！苏格拉底提议道，他是这个城市的恩人，应得到奖赏才是。在这篇对话的最后一句，苏格拉底总结道："是时候分别了，我们各走各的路。我去死，你们继续活。哪条路更好，只有神知道。"

《克里托篇》讲述苏格拉底在等候死刑。他的老友克里托带来逃亡的计划（当局大概也想让苏格拉底逃亡，以免日后被谴责杀害他）。苏格拉底不肯逃亡。他认为公民与养育自己的城邦之间有一个不言而喻的约定，公民须服从城邦的律法和判决，即便这些律法和判决最终伤害自己。人生重要的东西不只是活着，而是活得有尊严。

《欧绪弗洛篇》《申辩篇》和《克里托篇》可能写于苏格拉底逝世后不久。《申辩篇》尤其具有历史真实性。审判时有无数人在场，这些人可能阅读或聆听柏拉图的著作，如果内容纯属虚构，他们想必会出面反驳。以苏格拉底临刑之日为主题的《斐多篇》，则可能写于苏格拉底逝世二十或三十年后。在这层意义上说，这篇对话与苏格拉底之死的关系，类似早期的福音书与耶稣之死的关系。柏拉图未曾亲眼目睹，但他认识许多目击者，他们必定向他转述了苏格拉底死时的情景。

除临刑的叙述（自愿饮下毒酒），《斐多篇》深刻地体现人世与另一世界的对立。另一世界是理想的形式所构成（稍后详述），苏格拉底期待，在即将去往的世界里，只有善的完美知识。他最后的遗言也许让人觉得古怪："克里托，我欠阿斯克勒庇俄斯一只公鸡，你替我还？"苏格拉底恪守对神的虔诚，作为一个高尚的人，他在交待自己未能履行的义务：医神即将为他治愈人生的疾患，因此，他须献祭一只公鸡作为回报。

《斐多篇》清晰地表达苏格拉底关于死亡的思考与对死后的期待。在《申辩篇》，他也得出同样的结论。这番话值得全段引用。他说，有两种选择：

> 死亡或是虚无与彻底无意识的状况，或是如同有些人所说，死亡是灵魂的变化和迁移，从这个世界到另一世界。你若设想死后没有意识，而是一种睡眠，就像沉睡无梦者的睡眠，那么死亡将是一种难以言喻的收获。因为如果一个人必须选择这样一个沉睡无梦的夜，再将这一夜与他一生其他的日夜比较，然后让他告诉我们，哪些日夜过得比这一夜更好……我想无人会说有很多日夜……那么，如果死亡是这样的，我要说死去是一种获得，因为永恒便只是一个长夜。然而，如果死亡是去往另一世界的旅程……啊，我的朋友们，陪审团裁判们，有什么好事能比这更好？

在《克里托篇》，这个好事是与智慧的、卓越的先人相遇。在《斐多篇》，则是遭遇处于这个模糊的知识与不完美的人世之外的终极真实。

苏格拉底是最早也是最著名的为哲学而牺牲的人，为个人气节和理性的自由献出性命。自此往后，无人能够追媲。

柏拉图

关于前苏格拉底哲学家，我们只能靠后世作家的引文去了解。关于苏格拉底，我们也是依赖与他同时代的作家。及至柏拉图，局面骤变，我们拥有无数流存的著作。我们拥有柏拉图的全部著述，在古代哲学家当中，这已是绝无仅有。更甚者，还有些可疑的作品也归属他的名下。于是，我们面对一系列难以概述的著作，一个读者可能要用一生时间才能精通。在这里，我仅挑选两个相互关联的重要话题，都是涉及“何为知识”这个问题。一种答案是：知识涉及另一世界里作为真实而存在的理想形式，惟智性才能企及，也许须在灵魂（或智性的灵魂）摆脱肉身之后才可能完全遭遇。

何为知识？

柏拉图给出两种答案。第一种答案就是所谓的“形式的理论”。在公元前399年苏格拉底逝世后的二十年间撰写的数篇对话里，譬如《理想国》《斐多篇》，形式的理论便已占据主宰地位。我们且称之为“两个世界的回答”。第二种答案出现在《泰鄂提得斯篇》，写于公元前369年之后。《泰鄂提得斯篇》最早探讨了我们所谓的知识论，至今仍是知识论的重要著作。这篇对话未提及两个世界的回答。至于这是因为柏拉图已放弃那套理论（他的门生亚里士多德在《形而上学》彻底驳倒这个观点），还是从语言学角度提出相似的论述，学界依然争得不可开交。我们姑且称《泰鄂提得斯篇》的论述为“分析的回答”。

一、分析的回答：从本质上说，分析的回答并不是一个完整的答案，而是一种考察，更清晰地理解问题的症结所在，然后提出更佳的建议。这是典型的苏格拉底法。在这里，我们省略柏拉图绝妙的隐喻、范例和论辩。简单地说，这篇对话的大意是先排除关于何为知识的两种建议，再部分排除第三种建议。

柏拉图所提出的第一个要点是，问题不在于“我们知道的是何物？”而在于“何为知道某物？”，“何为知识？”他认为，罗列一些已知的特定事物，并不能解决问题，而是需要一个普遍的答案。

第一个建议：知识是感知。可是，数学知识不是感知，尽管最初须依赖视觉或触觉去诱导。确实，大多事物依靠感知去发现。譬如，我通过观看或聆听发现今日早晨07：15时某物如此这般。然而，只有在记忆力好的时候，我才知道这个知识。感知本身不是知识。它不是河流，而是河流的源头。

第二个建议：知识是真的信念。或者，换一句话说，知道就是相信，并且正确无误。《泰鄂提得斯篇》以漫长的篇幅探讨何为虚妄的判断或信念，但对话的主题是真的信念迥异于知识。演说者或传道者也许可以说服我相信眼前发生的事是真实的，可我不能合理地宣称自己知道他说服我相信的事件。诚然，拥有真的信念胜过虚妄的信念。饶是如此，虚妄的信念仍只是一种信念。虚妄的知识则完全不是知识。

《泰鄂提得斯篇》提出第三个建议：知识是具有逻各斯（logos）的真信念。希腊词“logos”原本便有多重含义。柏拉图排除一些含义，译者们也各有不同的诠释。在《泰鄂提得斯篇》，最可信的权威通常采用“陈述”或“理由”诠释逻各斯。因此，柏拉图的最后一个建议是，知识是有理由的真信念。

在这篇对话结尾，柏拉图化身为苏格拉底，试图作出一个从未做过的区分：词语、句子、意义之间的差异。简单地说，这篇对话的终点是分析何为陈述（你若了解古希腊人的文句连绵不断，字母之间没有空格或标点，也许更能理解分析陈述有多艰难）。苏格拉底最后宣称，自己只是戳破数个“风泡”（他的措辞），以便稍微更好地理解这个主题。对话最后没有得出教条式结论。

二、两个世界的回答。分析的回答旨在解决“何为知识”，要求读者精神专注，具备分析能力，才能理解柏拉图的论述。我猜你必定已有所领略。两个世界的回答虽属推理，论辩旨在说服，却采用哲学写作中最著名而生动的隐喻。这就是《理想国》第七卷开篇的洞穴隐喻。下面这段引文虽有所压缩，但几乎全部摘自柏拉图的描述：

且允许我向你展示一幅图画，描绘的是我们的本性受启蒙或未受启蒙的程度如何。瞧，人类住在一个漫长的洞穴，洞穴里有一条通道，通向外面的光芒。他们自幼被锁缚，只能看到洞穴的后壁，永远不能转身看光芒或彼此观看。在他们的身后，洞穴外的远处，有一个大火堆在熊熊燃烧。洞穴外有一条小道，道旁与洞口筑有一堵矮墙。自由人走过小道，手中举着形形色色的东西，这些东西呈现在墙头，就像牵线木偶演员在屏障前表演，

你看见没有？

——看见了。

这些囚徒和我们一样，我答道，因为首先你认为除了火光

投射到洞穴后壁的影子之外，他们看见过自己或彼此吗？

——他问道，如果他们终生不被允许转头，怎么可能看到？

那么，矮墙后自由人举起的东西呢？想必这些囚徒同样只能看到它们投到洞穴后壁的影子？

——当然，他说。

如果他们可以彼此交谈，谈论自己看到的影子之时，他们岂不会使用“真实”这个词语？

——必定会。

再设想，这个囚室后壁发出回音，矮墙后的过路人说话之时，他们岂不会以为自己听见的声音源自洞穴后壁的影子？

——毫无疑问的，他答道。

对他们来说，我说道，真理只不过是他们不能转头看见的真实之物的影子。

这是一个清晰的景象，我们平常看到的真实之物的影子。我们需要动用思考和理解力才能感知到这些东西只是图像，事物的真实形式则是另一种存在。

柏拉图总是借助苏格拉底的声音，因此，这个思想或许确实部分源自苏格拉底。他反复倡导两个世界，既用生动的比喻，又用理性的推论，最具影响力的讨论是追问普通名词如何获得意义，在追问爱、公平、美丽等概念的定义之时，柏拉图也暗中使用这个陈述。

专有名词的用法容易理解。约翰·加斯金是一个男子的名字。我若没有猜错，你正在阅读他的文字。这个专有名词的“意思是”我。司圭兹韦兹尔太太是昨日掉下公车的女人的名字。可是，“猫”不是（正常情况下）任何特定的猫的名字。它是某种普通名词，适用于无数范例。这是如何运作的？柏拉图的答案是“猫”为一种真实实体的特定或专有的名词，这个真实的实体是特定的猫的理想形式，经验中次级的、影子世界的、这个世界的、现实的猫，因为以各种方式像或近似猫的理想形式，才能被称为猫。继而，柏拉图作出一个巨大的跳跃：理想形式存在于完全真实的另一世界。也罢，反正许多人对猫并没有智性的兴趣。譬如，它们不能数到5，缺乏道德感受力。数学概念，道德或审美的抽象观念，譬如美、善、公正，才最适合形象地体现柏拉图的理想形式理论。

请思考几何：一根线条是被定义为具有长度而无宽度的东西。我们不可能画出这样的东西，甚至不可能看见。在这种情况下，纸上这片模糊的痕迹，显然只是被定义者的一种尝试或者影子。在政治和社会生活里，我们会轻易地称某事“公平”或“不公平”。然而，被冠上这个名称的东西繁杂多样，有时甚至大相径庭。柏拉图会说，须尽力寻找公平的定义，就能从这个定义得到另一世界真实存在的公平的形式描述，也即理念。在这个世界被称为“公平”的所有东西，通过与公平的理想形式的相似性，就能正当地被称为“公平”。

总之，知道事物的理想形式，尤其是知道善的理想形式，就是拥有知识。柏拉图（苏格拉底？）希望并期待我们死后继续以智性灵魂存在，从而能够直接接触另一世界的理想形式，看到完美的真实本身。

无论你是否肯接受这种思想，柏拉图的两个世界理论具有不可估量的影响力。它为基督教和伊斯兰教的神灵、天堂

柏拉图胁下扛着本人的理想形式，亚里士多德在旁取笑

和来世提供理性结构的形而上学核心，我们的思考和言说包含很多理所当然的东西，也都是它的影子。这个理论既被亚里士多德痛斥，也对立于伊壁鸠鲁派和斯多噶派的一个世界结构。再有，它和现代科学格格不入。纵然如此，柏拉图的理论至今不废。

推荐阅读

深入阅读柏拉图的哲学是一项艰难的创举。克里斯托夫·查尔斯·惠斯顿·泰勒（C. C. W. Taylor）的《苏格拉底：精简的导论》（*Socrates: A Very Short Introduction*，2000年）是相对轻松的入门书。柏拉图的早期对话易读，譬如《查米德斯篇》（*Charmides*）、《拉赫斯篇》（*Laches*）、《利西斯篇》（*Lysis*）。关于苏格拉底的四篇对话稍微难读，但仍可以驾驭。理查德·克劳特（Richard Kraut）编辑的《剑桥柏拉图研究指南》（*The Cambridge Companion to Plato*，1992年）收录了一些颇有助益的文章。

第六章

亚里士多德与这个世界：自然、人生、伦理

“他们身后留下如此众多的著述，无人能够勉力读尽。”这句话出自哈利卡那索斯的狄奥尼修斯（Dionysius of Halicarnassus，约公元前30年—公元8年之后），他不是在评论亚里士多德，而是总结历代学生的经验。作为科学家和哲学家，亚里士多德的理性和实践的知识在人类成就史上绝无仅有。简单地说，他是人类中间最聪明者，他的思想罕见地难以概述，无论何种叙述，都会让读者立刻目光呆滞，不禁伸手取下《战争与和平》等较轻松的读物。亚里士多德大概也同情读者的感受。在随时记载疑问的笔记本《问题》（*Problems*），他写下一则笔记：“在一些情况之下，人们若开始阅读，无论如何抵抗，都会被睡眠压倒；在另一些情况之下，人们拿起书催眠，书却让人清醒，这是为何？”关于亚里士多德，我仍未看到一本既易读又让人满意的入门书，因此本章结尾不列推荐书目。然而，他是古代世界最伟大的哲学家，倘若这样一位人物的思想（很多在今日依然切实可行）不值得我们花费一些精力，那我们确实最好继续瞌睡，毕竟世间没有什么了不得的事。

生平与著述

亚里士多德的早期著作深受柏拉图的影响，但已全部佚失。他准备出版的著述（易读的东西！）也完全消失。现存都是他自己或学生

记录的讲稿、田野考察、解剖记录、论证周密的文章和专门主题的简短探讨。所有这些著述可以收录为11卷现代英译本。他是最早也是之后两千余年间最好的系统化海洋生物学家。他发明逻辑学。在绝大多数情况下，亚里士多德最早的重要著作被区分为各个学科，包括伦理学、政治学、美学、物理学、形而上学（或者他称为“第一哲学”）、宇宙学、气象学、修辞学、动物学、心灵哲学以及“何为生命？”这个棘手的问题。因此，你若听见柏拉图看到这个最出色的学生走来之时说道“看，头脑来了”，大概不会觉得意外。

公元前384年，亚里士多德出生在卑微的小城斯塔基拉（Stageira），位于哈尔基迪基半岛（Chalcidice）。他的父亲是亚历山大大帝祖父的宫廷医师，这层关系对他的人生具有重大意义。公元前367年，亚里士多德17岁时，来到雅典，进入柏拉图的学园（the Academy）。公元前347年，柏拉图逝世之后，亚里士多德离开雅典，迁居阿索斯。继后，他来到附近莱斯沃斯岛上的米蒂利尼（Mytilene）。这个小城有两个环礁湖，湖中充满海洋生命，最适宜从事生物学研究。杰出的哲学家和科学家泰奥弗拉斯托斯（Theophrastus），比亚里士多德年轻数岁，与他一同探索。

公元前343年，马其顿的腓力二世征召亚里士多德，邀他前往马其顿首府，即位于塞萨洛尼卡（Thessalonica）西北部的佩拉（Pella），担任13岁的亚历山大的导师。公元前340年，亚历山大摄政，亚里士多德恢复自由，返回雅典。大约在公元前335年，亚里士多德也开办一所教育机构，名为吕刻昂（Lyceum）。如果说柏拉图的学园最适合被视为俱乐部，有学识的人在此聚集纵谈，年轻人旁听学习，那么吕刻昂可被视为研究机构。在这里，人们进行精深的经验科学和理论分析。课堂向所有人开放，师生收集大量的生物标本和书籍。

公元前323年，亚里士多德的学生、恒常的赞助者亚历山大大帝，在征服从多瑙河到印度河之间所有的已知世界之后，突然离开人间。亚历山大逝世之后，雅典爆发反马其顿情绪，亚里士多德感觉自己须谨慎从事，便告别妻儿，独自离开。用他自己的话说，避免雅典人“两次造罪哲学”。一年后，亚里士多德辞世。

唠叨的第欧根尼·拉尔修摘抄了亚里士多德的著述目录和遗嘱（以同样的仁爱眷顾家人和奴隶）。他也抄录了一些“谐趣语录”，譬如，“说谎有何好处？说真话时无人相信”。然而，拉尔修未曾尝试描述亚里士多德的思想。那么，我们能否尝试填补些许空白？

生物学

亚里士多德的实地考察，都是在阿索斯与莱斯沃斯岛暂居之时进行的。这些是严肃的科学研究，包括采集、描述、解剖以及分类标本。他界定495个物种。他的描述精确、富有启发性，他的解剖缜密透彻。亚里士多德著有数部生物学著作，并收录人体知识。他认为人体无异于其他具有研究意义的动物，在很大程度上与其他生物相似。譬如，亚里士多德说：“我们应当不带尴尬情绪地考察所有动物，因为每一类动物都会向我们展示一些自然的东西，一些美的东西。”他的《动物探询》（*Enquiry into Animals*，“Enquiry”译自希腊词语“historia”，意为通过考察而获得的信息），收集无数重要数据，包括昆虫和鱼的具体信息。其他生物学著作依据经验观察阐述理论，另有关于动物的身躯结构、运动和繁殖的研究。

亚里士多德的工作如此完善，以致于之后两千年的大半时间里无人能够纠正他的失误。诚然，这不是他的过错。有个失误及至20世纪才得以纠正：亚里士多德认为鳗鱼无外生殖器官，从淤泥自发生成。

但是，欧洲鳗鱼在游向大西洋彼岸的旅途中发育外生殖器官，在马尾藻海产卵。单凭爱琴海的科学观察，无论采集的数据多么精确，也几乎不可能推导这样的结论。另一个荒谬而经久的错误是亚里士多德认为蛆产自腐败的液体。为此，亚里士多德也深受责备。然而，这完全是因为一千八百年间，无人肯费心再次求证。

亚里士多德的科学的好奇心，不止于观察和描述。他试图寻找最深刻的原因，解释事物为何如此这般。这个愿望引导他询问生命是什么，如何最适当地解释生命。

诠释

在逻辑学著作《后分析篇》(*Posterior Analytics*) 中，亚里士多德提出一个细致的描述，注释家们称这个描述为“科学方法”。但他自己从未使用这个说法。《后分析篇》阐述一套框架，用以表达某种知识。在古时，这套框架的最佳范例是欧几里得几何，在亚里士多德逝世不久之后出现。这是一个演绎体系，某物被视为预设，已给出定义，其他一切便依据逻辑规律次第出现。

在《物理学》(*Physics*) 中，亚里士多德更详细地解释自己的意图。他最关切的问题，就是证明经验观察是知识的来源：“若没有感知，我们就不能学会或理解任何东西。”经验观察必须经过检验。我们若诚实地声称看见白色，那么我们就确实看见白色。然而，我们说看见白色物体之时，我们有可能失误。感觉虽不会失误，却会被错误地诠释。再仔细看看：我们看见的可能是油亮的黑色表面反射的阳光，而不是白色的物体。这类经过慎重检验的观察，便构成科学知识的基础。这一点得到确定之时，就可以进行分类，或许可以纳入一个普遍的理论。单凭观察不足以确定知识之时，亚里士多德有一道颇现代的处方："事实仍未得到充分的查证"（描述蜜蜂），"如果未来任何时候得到验证，就必须认可感觉的直接证据，而非仅相信理论。诚然，如果理论产生的结果与经验观察一致，那么两者都须得到认可"。[《动物的繁殖》（*Generation of Animals*），第三卷第十章］那么，拥有事实与可行的理论之后，解释某物又意味着什么？

"四因"

亚里士多德认为，变化事物的"如何与为何"可以阐述为"四因"（aitia）。希腊词语"aitia"通常英译为"causes"，但这个译法已包含一些错误的期待。我们且先称它们为四个解释（explanations）。《物理学》第二卷依次阐述这四个解释：

> 材料的解释。描述某物由何种物质构成。譬如，这只罐以白银构成，那个湖以水构成，水以氢氧构成。
>
> 形式的解释。"除非材料接受某种类型的形式或特征，该物才能存在；符合这个形式，就是将该物纳入此物所属的定义。"形式的解释是指某物必须处于一种特定的模式、形状或配方，才能成为我们所指的那个东西。白银必须处于某种形状，才能成为一只罐子，而不能只是一坨金属。湖必须有堤岸，而不能只是无边无际的水。
>
> 动力的解释。"必须有物启动变化的过程"，即有此物的创造者，"或者在过程结束时终止变化，如同自愿者执行一项行动"。譬如，由银匠打造这只银罐，而地理变化的缓慢过

程形成湖泊。亚里士多德的因果关系概念至今让人难以理解，这类范例是我们所能给出的最接近的譬喻。现代的因果关系观念则认为，一物导致或产生迥异于自身的新物。

终极意图的解释。“启动变化过程是为迈向一个终点或有何种意图。譬如，运动是为了保持健康。”或者，银匠的意图是制作罐子。这个解释尤其吸引中世纪的欧洲人，因为这个时代渴望在一切造物里看到上帝的意图。现代人更倾向于认为并非所有东西都有意图。大多人类活动和人工制品显然有意图，但天上坠落的陨石有何意图？似乎没有。然而，在生命科学里，我们依然难以避免使用意图的语言。譬如，我们说：“三文鱼游到河上游，是为了产卵。”尽管三文鱼的智力有限，并不能理解自己所做的事。

因此，为某个对象确定四个解释（或者三个，倘若找不到第四个）之后，便已经尽力地理解这个对象的“如何与为何”。然而，我们若要追问动力的解释，更深入地探索，那么就要面临一个智性问题，而这个问题具有殊异的重要意义。

亚里士多德的“神”

亚里士多德觉得宇宙的起源不难解释，因为他与古典时代的前辈后辈们一样，也认为这个起源是永恒的，总是已经给定，因此不须解释。然而，若要追问某个特殊运动或变化（在希腊哲学里，运动或变化通常可以互换），我们就会发觉自己总是指向先前的某个运动或变化。亚里士多德论述道（整个论辩的复杂性远超过这里的概述），为了终止运动或变化的无限进程，我们必须假设一个不被任何东西启动的存在。这个实体只能在被启动的宇宙之外，或者与这个宇宙有着类的区别。如果这个实体属于被启动的宇宙，那么它本身就会运动，也会被启动。但如果不属于这个宇宙，那么它就必须无物质，不能以会变化的材料构成，从而不会生成或消亡，或者变成另一物。因此，它是永恒、不动的。我们可以说（却不能理解）它思考或认识自身。这个实体被称为神（亚里士多德经常使用中性单数称呼这个神圣者）。它是动力因或动力的解释，能够解释这个宇宙为何有运动，而不是永久地静默。

你或许立刻就要提出反对意见。如果空间与材料（无论什么材料）构成的宇宙可以是永恒的、无法解释的给定，那么，这个宇宙的运动为何不是给定的一部分？亚里士多德逝世后不久，伊壁鸠鲁派便走上这条道路。然而，基督教和伊斯兰教的神学家都没有跟随伊壁鸠鲁，而是采用并改造亚里士多德的运动起源学说，纳入自己深爱的论证，去证明他们自己的神灵的存在。然而，他们的结论在两个方面偏离了亚里士多德。首先，亚里士多德从未使用它来宣称一神论。他认为，它是智性探索的终点。在智性探索的过程中，亚里士多德丝毫未曾动摇一般神祇的地位，并且毫无顾忌地提及他们。其次，它对人类漠不关心，不会宽恕罪孽或者为殉难者提供天堂。它或许可畏，但绝不关注生命，尤其是人类。我们将会看到，亚里士多德认为生命只是自然的一部分，而人类充其量是一部分的一部分。

生命具有灵魂

《论灵魂》（*De anima*，通常采用这个拉丁语书题）是亚里士多德最深奥、及至新近为止最不受重视的著作。在这部书里，他关注的问题是

“某物具备什么，才有资格被认为活着？”这部著作的撰写时间想必是亚里士多德在莱斯沃斯岛暂居之后。然而，他在岛上鉴别与描述各类古怪事物之时，这个问题必定已开始呈现。他的答案貌似简单，即生命有psuche（灵魂）。这个psuche不是生物额外的、独立或者可分离的部分，而是一种特定的功能或组织，存在于被描述为有生命的东西体内。

这里须提醒一句：希腊词语“psuche”（拉丁词语“anima”）通常英译为“soul”。由于“soul”这个词在基督教使用两千多年，英语的意思通常便等同于基督教的用法。然而，“soul”这个英译似乎预先解决了亚里士多德的问题。在我们看来，“soul”是无肉身的实体，无论我们是否信仰基督教，这实体能在人死之后存在。它是我，独立于这具会腐朽的躯壳而存在。有些希腊哲学理论，尤其是柏拉图和毕达哥拉斯派，正是在这种意义上使用“psuche”。另一些希腊哲学家，尤其是伊壁鸠鲁，不采用这个意义。亚里士多德试图解决这个争执。这部著作的文本虽有残缺，但亚里士多德的分析十分卓越（主要在《论灵魂》第二、三卷），将问题推到浮泛的词语之后，推到用来解释词语的词语之后。在这里，我尽可能引用他自己的话概述：

“有灵魂与无灵魂者之间的区别是生命。”这意味着牡蛎、蘑菇、苍蝇、人、树，以及任何有生命的东西，都有某种灵魂。

若说某物活着，是因为它有灵魂，这是否等于说此物与它的灵魂是两个不同的实体？不是。“我们不该询问形体与灵魂是否为一个[或两个]，正如我们不该询问蜡与按压的印记是否为一个[或两个]。”同样的，亚里士多德说道：“正如瞳孔与视觉构成眼睛，形体与灵魂构成生物……因此，主张灵魂不能脱离躯体而存在的人是对的，但是，灵魂本身不是一种形体。它没有形体。它属于形体。”一个实体若要被描述为活着，就必须以这个被称为“灵魂”的东西为形式和功能。

前文省略了亚里士多德复杂的理论背景，由此推导一个决定性的结论："相当显然的是，灵魂或灵魂的一些部分不能与形体相分离。"然而，也许他的脑海中掠过导师柏拉图的身影，亚里士多德仍有所保留：关于理智与思维的能力，尚无清晰的定论。

何为有灵魂

那么，生命有灵魂，灵魂是某物的形式和功能，使此物有资格被描述为活着。那么，这个形式和功能又是什么？亚里士多德答道，这意味着具备以下所有或某些成分："理智、感觉、与地点相关的运动和静止、涉及营养供给和生长或消亡的运动。"这个答案促使他进一步分析感觉，断定触觉为最基本的感觉（最低级的生命，甚至植物都以某种方式回应触感）。然后，他分析一个极普遍的哲学问题："何为感觉？"亚里士多德的答案很著名："一般来说，关于感觉，我们必须认为，一种感觉能够接受可感对象的形式，而无须接受其物质，正如蜡接受钤印戒指的印迹而不必接受铁或黄金；蜡所接受的是黄金或青铜的印痕，但不是黄金或青铜。"

头脑或理智作为极复杂的灵魂的可分离部分，是否是人类生命必须具备的？对于这个问题，亚里士多德似乎颇为犹豫。然而，在下面这个2300年前便预示现代心灵哲学的句子里，亚里士多德显然摆脱了柏拉图的阴影："我们称为心灵的那部分灵魂，除了在思考之时，没有真实的存在。这里我所谓的心灵，是指思考、判断的灵魂。"这似乎意味着思考是构成人类灵魂的功能之一，与其他功能一样，不履行职能之时，它就不存在。譬如，在人完善的发育之前或人死之后，它就不存。心灵不是任何类型的可分离者。

在《论灵魂》前半篇与笛卡尔著名的“机器里的幽灵”截然对立。亚里士多德在其中暗示道，心灵不在任何身体部位操纵控制杆。它是一种功能，只有高度发达的生物才能执行：“我们尚不能确定灵魂……与身体的关系，是否如同船长与船的关系。”

所有这些保留与犹豫意味着亚里士多德（或许现代世界的许多人）认为，理性不足以让一个人得到永生的可能性。无论哪一部分灵魂，即便是理智，都只是有生命的躯体的一种功能或潜能。

伦理学与如何生活

探讨道德（是的，现在仍有人谈论这个话题）之时，我们倾向于思考宗教戒条、义务、责任、上帝的旨意、禁令（神圣或人造）、惩罚（神圣或人造）、宽恕（神圣或人造）。亚里士多德有两部重要的伦理学著作：以其子尼各马可命名的《尼各马可伦理学》(*Nicomachean Ethics*) 和《欧德谟伦理学》(*Eudemian Ethics*)。“Ethics”指涉品格问题，亚里士多德的探讨别开生面，与我们可能怀抱的期待大相径庭。他的伦理学包括这些问题：哪一种生活最好？幸福由什么构成？为对自己的行动负责，我们需要哪种自由？我们该如何塑造品格，才能做一个成功的人？他的答案几乎毫不涉及规范、责任或道德律令。

亚里士多德的论述始于这个问题：何物让我们渴望得到它本身，而不只是作为获得另一物的手段？他说道：“在语言表达层面，有个极其普遍的一致意见……（人们）将活得好、过得好等同于幸福。然而，至于什么是幸福，他们各有各的看法。”那么，我们暂且忽略幸福是什么这个问题，先思考何为让人满意的、成功的人生？

有个答案认为，好的人生就是践行德性。唷哟，多无趣的答案！

然而，翻译为“德性”的希腊词语是“arete”，意为做某事的技能或卓越的能力（如前文提及，翻译确实容易违背原意）。因此，你可能具备玩填字游戏的arete，我可能具备捕捉细腰蜂的arete。亚里士多德问道，若要成功地生活，人们需要具备哪一种arete。在这里，他的论述相对容易解释。

成功地生活的技能，就在于培养一种性格，习惯性地选择做适当的行动。亚里士多德认为，在很多情况下，适当的行动介于两个极端的中间。这两个极端当然都是缺陷。我们先来罗列一些范例。譬如，一个极端是鲁莽，另一极端是胆小怕事，两者的中间就是勇气，它适用于各种境况与你自身的局限。再如，一个极端是虚荣、自负、势利，另一极端是过于卑微、自我贬低，两者的中间是自尊，也即适当的自豪。或者，一个极端是将全部家财捐赠给穷人，另一极端是紧抓着自己的财产，分毫不施舍，两者的中间则是依据自己的财力，适当地分享施舍。

那么，如何找到中间点？一半靠思考，一半靠观察其他成功者的行动。然而，中间点并非适用于所有情况。这是实践的东西。学习，譬如观察成功者，可以让人获得发现中间点的能力，然后反复地应用于实践，就会渐渐变成习惯，成为性格的一部分。这就好比砖瓦工或司机的实践技能，他们在工作中习惯性地运用，同时需要根据实际情况作适当的调整，而不必忧心忡忡或痛苦地抉择。

然而，我们须提及，“不是所有的行动或嗜欲都有中间点”。有些“名称本身便包含卑劣”。如果人的性格已经包含这些行动或嗜欲，就不会有成功的人生，就不可能实现人生的终极目标，即幸福。关于有缺陷的激情，亚里士多德罗列了恶意、无耻和嫉妒，因为这些激情没有适当的中间点。在行动当中，他包括了通奸、偷盗和谋杀，因为这些行动也没有适当的中间点。这些激情和行动绝不会构成成功的人生。

那么，与成功人生相伴随的幸福又需要什么条件？第一个条件是行动。幸福伴随着成功地完成任务，而不是似食莲人那样，终日慵懒昏醉。不论从事琐务或者伟业，成功地执行一个行动，似种土豆、写书、练习音乐演奏、外出散步、请客，都伴随着幸福。第二个条件是至少拥有最低限度的财物。反过来说，不能贫病交加，相貌丑恶，或失去所有朋友、亲戚、财产。真正的幸福必须具备这些物质条件。诚然，贤哲固能忍受匮乏，但是匮乏有损正常的生活，从而有损幸福。

自愿的行动与负责任的行动

在《尼各马可伦理学》第三卷开头，亚里士多德直接阐明自己的担忧：

> 鉴于arete涉及激情和行动，只有在自愿的激情和行动时才能被赞美或谴责，不自愿的激情和行动会被容忍，有时甚至被怜悯。因此，对研究“arete”的本质的人来说，必须区分自愿与不自愿。立法者裁量荣誉与刑罚之时，这个区分也会有助益。

然后，他制定一些标准，确定不自愿的“硬”定义。

不自愿的行动是被强迫或无知的情况之下所做。这些行动的“主动原则在本人之外……行动或感受激情的人，没有贡献任何东西”。譬如，人们可能被他人、自然条件甚至自己的身体强迫而做某事。亚里士多德合理地指出一些影响赞美或谴责的“复杂情况”。譬如，我为救孩子，向罪犯付赎金。在这种情况之下，我没有被自己的身体强迫："这类行动属于自愿行动，但是在这样的境况之下，或许也属于不自愿，因为无人会为这类行动本身而选择。"

那么，选择与自愿之间有什么关联？（请注意，亚里士多德使用一个概念解决问题之时，决不会让这个问题悬而未决。）选择与自愿是完全不同的概念。"一时冲动所做的事，我们称之为自愿，但不会称之为选择。"再者，"愤怒之下所做的事，被视为低于其他任何选择的对象。"选择要求先思考，自愿的行动则不然。

这些定义的应用既合乎情理，又切实可行。反复斟酌所选择的行动与冲动之下所做的自愿行动之间，后者较不受谴责（同样也不太值得称赞）。我们不得不做自己必定不会选择的事，却又未被强迫之时，这类复杂的自愿行动可以得到谅解。心智不完善的人，不能阻止自己攻击他人，这种情况属于非自愿的行动，应该得到宽恕和怜悯。

在他的伦理学里，正如在其他著作中，亚里士多德将禀赋的罕见的常识，融入非凡的区别能力，提出一些独到的问题，并将这些问题追溯到最深层。请至少尝试阅读《尼各马可伦理学》第一卷和第三卷的开头数页，稍微领略亚里士多德的论述。在这里，我只是试图展现亚里士多德关于美好生活的探讨，他的见解独特，又不说教。他的伦理学属于人的世界，关心如何让人度过好的人生，并且让自己对他人有益。设若得到他人的认可，这种认可也有利于自己。我们若能善于生活，甚或成为他人学习的榜样，岂不是好事。

这条路通向未来

公元前323年，亚历山大大帝逝世。这个事件被历史学家视为希腊化时代的开端（Hellenistic Age，"Hellenic"则是涵盖自荷马至公元4

世纪所有希腊的东西）。在这个时期，亚历山大的帝国分割为诸多王国，被他的将帅和继承者掌控。与此同时，希腊的文化、语言、哲学、建筑、社会机构，传到地中海东部广袤的土地。这个时期的终结时间，或被定于公元前146年。是年，罗马全面掌控希腊土地。但是，通常的做法是定于公元前30年。是年，克莉奥佩特拉逝世，终结了亚历山大的大将托勒密一世其末代位继承人的统治，罗马从此成为整个地中海的主人。因此，希腊化时代的纪年大约为公元前323—公元前30年。

亚历山大卒后一年，亚里士多德逝世。之后30年间，雅典哲学思潮泛滥，托勒密一世及其子在新兴的亚历山大里亚创办庞大的图书馆和博物馆（资金充裕的研究机构）。在雅典，柏拉图的学园依然兴盛，泰奥弗拉斯托斯（亚里士多德具有才华的门生和同事）重新开办吕刻昂。此外，新的哲学学校不断涌现，最终将吸引罗马的精英到雅典寻找贵族教育。

亚里士多德逝世之后，在雅典涌现的各类教育机构当中，最伟大、最悠久的要属斯多噶派与伊壁鸠鲁派。季蒂昂的芝诺（Zeno of Citium，区别于讲悖论的芝诺）是斯多噶派的创始人，他在公元前313年来到雅典。约公元前306年，伊壁鸠鲁创办自己的学派。至公元前1世纪，这两派哲学传遍罗马帝国，在无数地方设立学校，它们的影响力持续至今。斯多噶派具备令人赞叹的坚韧。伊壁鸠鲁派是原子论的源泉，还有考究的自我放纵。诚然，这两派哲学蕴含更多深刻的思想。然而，就这两点来说，现代人对斯多噶派的理解是正确的，对伊壁鸠鲁派的认识则包含许多误解。这些误解源自早期基督教对其他生活方式的蓄意歪曲，因为伊壁鸠鲁派的生活方式与基督教信仰相互抵牾，他们关于自然宇宙的观念更与基督教神学针锋相对。

第七章

伊壁鸠鲁：花园与荒野

原子论是现代科学的基础。许多人不知这个理论有多古老，也不知这个理论体系曾经发展得多么完善，却被后世的神学家和哲学家糟蹋、埋葬，至17世纪才重现。原子论的创始人也许是神秘莫测的留伯基，他的故乡可能在米利都。原子论可能发源于公元前6世纪米利都物质主义者对自然宇宙的思考。关于留伯基，我们几乎没有丝毫历史记载，但亚里士多德和泰奥弗拉斯托斯都认定他是原子论创始人。留伯基的著作《伟大的世界体系》(*The Great World System*)残存有一句话，表达现代决定论的主张："无物随机发生，但万物源自一个科学的原理和必然性。"

然而，较晚时期活跃的阿布德拉的德谟克利特（约公元前460—约公元前370年）通常被认为是古代原子理论决定论的最早倡导者。他的著作，倘若全部幸存，在篇幅上可以追媲柏拉图全集。然而，尽管他生在较晚时代，却仅留存下零碎的信息和引文。从这些碎片里，我们可以看到他对人生的评语，既智慧又风趣。他从无形的微粒的存在、运动、结合等方面，阐述自然的决定论。伊壁鸠鲁（公元前341—约公元前270年）将原子论视为微粒的"随机"运动，罗马诗人卢克莱修(Lucretius)追随他的学说，其伟大著作《物性论》(*De rerum natura*)幸运地仅靠一个抄本留存至今。

伊壁鸠鲁以雅典公民身份出生在萨摩斯。公元前323年，他到雅典履行公民义务，服两年兵役、协理政务。之后，他可能到过科洛封、莱斯沃斯岛的米蒂利尼、小亚细亚海岸的拉姆普萨卡斯（Lampsacus），最后来到面临马尔马拉海的赫勒斯海峡。公元前306年，他回到雅典度过余生，在这里授课、写作，创办花园（位于雅典城墙外），传承自己的名字和学说。

伊壁鸠鲁的花园迥异于学园或吕刻昂。它不是学校或俱乐部，也不是研究机构，而是一群志同道合的人，在生活里履行伊壁鸠鲁的学说，与文明社会保持半隔离的关系。花园的教义与生活方式流传开来，至公元前1世纪，从加利利海东南部的加大拉（Gadara），到那不勒斯和高卢，罗马世界的无数地方都创办伊壁鸠鲁派社区。据说，尤利乌斯·恺撒也认为自己与伊壁鸠鲁派意气相投。

伊壁鸠鲁最重要的著作《论自然》早已失传。幸运的是，那不勒斯附近的赫库兰尼姆（Herculaneum）发现一些碳化的纸莎草手抄本，从而得以拼凑一些残篇。除此，幸存的还有三封书信，一篇简短的《学说要旨》（*Principal Doctrines*），一些语录和遗嘱。关于他的哲学和物理学，我们只能依靠卢克莱修、加大拉的菲洛德穆斯（Philodemus of Gadara）未完成的著作（也是发现于赫库兰尼姆），还有奥伊诺安达的第欧根尼（Diogenes of Oinoanda，位于安纳托利亚西南部的吕喀亚）在公元130年前后所定制的铭文的残片。第欧根尼的这篇铭文，是世上绝无仅有的哲学文献。

一个世界体系：伊壁鸠鲁派与斯多噶派

伊壁鸠鲁派与斯多噶派这两个对手之间有一个共通的观点，也即他们对现实的普遍看法。双方皆倡导“一个世界”的哲学。毕达哥拉斯派、柏拉图主义、基督教，还有公元3世纪以后的诺斯替主义（Gnostics）、新柏拉图主义，全都拥护两个世界（或更多！），他们都区别身体与灵魂、此世与来世、腐朽的肉身与不朽的灵躯、物质与精神、自然与超自然。相反地，伊壁鸠鲁派和斯多噶派则认为，所有真实的东西构成一个宇宙，或者这个宇宙的一部分；在这个宇宙里，物质与精神的对立毫无意义。然而，这并不意味着这两个流派必须否定神的存在，或者我们所谓的“神”的体验或现象。他们只是以不同的方式主张，设若他们存在，那也是一个（而非两个）包罗万象的宇宙体系的一部分或一个功能。

这两个流派采用类似的方式组织与表达迥异的思想。双方都形成一套逻辑，用来阐述物理。这套逻辑又暗含一种生活方式，即伦理学。他们先阐述语言和逻辑，以及我们能够认识的东西。在这方面，斯多噶派的论述远胜于伊壁鸠鲁派。继而，他们描述物理，这个阐述或许可以称为关于现实本质的科学论述。伊壁鸠鲁派的描述更接近现代的化学和粒子物理（部分源自这个学说）。我们将在下章看到，斯多噶派更接近大爆炸宇宙论和宇宙演化论的观点。鉴于这两大流派都宣称自家提供物理现实的真理陈述（诚然，“物理”一词是多余的，因为他们不承认另一现实的存在），那么，我们该依照哪个学派生活？双方的伦理规范都颇为诱人。（至于逻辑，我只能让你立即失望：本书没有足够的空间容纳纷繁难解的细节。）

伊壁鸠鲁派的物理学

伊壁鸠鲁派体系的基础是宇宙（universe，原意为“全部结合为一”），它有两个真实的构成元素：物体与空虚的空间。人的感觉证明物体的存在；若不能靠感觉知道物体的存在，我们就不能认识任何东西。然而，物体要占据位置，要移动。也就是说，宇宙不是它原本可能的样子，并非密实、静止。简单地说："所有自然……以那两种东西制造：有物体，也有让物质放置和移动的空虚。"（卢克莱修，《物性论》第一卷）伊壁鸠鲁派认为，所有物体，最终也包括我们，在空间的存在和运动，都可以解释为无数小得不能再小的微粒的存在和运动。微粒的希腊语是"atomoi"（复数，意为不能被切割的东西），拉丁语是"primordia"，意为"最初的东西"。

Atomoi或primordia可能有体积，但小得无法靠肉眼观看。我们只能从可见的东西推断它们的存在，也可以用它们解释肉眼看得见的东西。它们永远存在，自身不包含空虚，既不分裂也不能被分裂。它们会移动。

为何竟有人主张物质是由肉眼看不见的微粒构成？这是因为希腊人喜欢在表面现象的背后寻找解释。至于德谟克利特和伊壁鸠鲁所提出的微粒，显然源自对常见的经验观察的质疑。譬如，两个体积相同的东西，例如，一个金块和一块大理石，为何具有不同的重量？可能因为一个物体之内聚集更多、更大的微粒。再如，我们能在光束中看到通常不可见的微尘，从而便推断存在一些看不见的更小的实体。最后，假设微粒的存在也是为解释万物。譬如，不同形状的微粒挤压而构成固体，液体是较光滑的微粒构成或者排列得较松散，空气是更精细的微粒之间黏附性极其微弱，不断地滑移。柔软的东西摩擦坚硬的东西之时，譬如手指摸硬币、脚踩石阶等，不会出现可见的磨损，或许可以解释为肉眼看不见被磨损的微粒。

那么，为何有最初的微粒？这只是因为它们存在。它们作为关于现实的终极事实而存在，大抵类似有些人相信上帝存在。伊壁鸠鲁认为，询问为何有最初的微粒是愚蠢的，因为这个问题试图跳出真实存在的万物，到存在者之外寻找解释。然而，在真实存在的万物之外，无物存在。不过，最初的微粒并非单纯地存在，它们在移动。它们“在空虚游荡”，它们“自行移动”。如此，伊壁鸠鲁便解决亚里士多德的“不动的动力”这一难题。伊壁鸠鲁承认宇宙的物质是永恒的，这一点无须解释，也没有解释。但是，物质的运动需要解释。他认为物质及其运动不可分离：两者是同时给定的。

微粒以特定的方式运动，也即随机运动，而不是德谟克利特的被牵引、被预先决定的方式。伊壁鸠鲁认为，微粒任意地偏离或转向，以致于微粒及其运动所积累的知识，完全不足以用来预料某个微粒将在何时、以何种方式改变方向。微粒的偏离或转向的方式，便要造成混乱：无限数量的随机的碰撞，永无休止地发生。那么，在我们所体验的有序的宇宙里，最初微粒的混乱状况又是如何发生？伊壁鸠鲁提供了粗略答案：

> 原初的微粒虽大量，但数量依然有限，并有各种形状和体积。“元素”这一现代概念可能有助于传达这个意思。各类微粒碰撞之时，它们的形状限制了微粒之间联接的可能性。原初的碰撞和运动是混乱的，但微粒之间成功又较经久的结合却不混乱。大到太阳，小到沙粒，还有人类，都是源自这些结合。因此，我们能够感觉的东西，源自原初微粒的不同的结合能力，或称为黏附性。

这个解释包含一个显然的遗漏。微粒的混乱产生万物以及万物的种类，然后，万物的运行却又遵循我们所谓的“自然法则”的规律性。然而，大多自然法则难以用原初微粒的运动和结合去解释。或者能否解释得通？斯多噶派持否定意见。对我们来说，这个争端仍然悬而未决。

总结：整个宇宙囊括于两种本质之内，也即空虚的空间和随机运动的原初微粒。宇宙是永恒的；原初微粒的运动和结合能够解释所有发生的事件、所有可感实体的存在，以及感觉本身（伊壁鸠鲁的学说主张，外物发射表面的微粒，击中我们的感官，如此产生视听等）。

伊壁鸠鲁派的物理学：对人类的影响

伊壁鸠鲁派物理学产生三大结论。这些结论紧密地关系着人类的生活和希望。对此，伊壁鸠鲁自己也有充分的意识。

首先，人类和地球可能都不是独一无二的存在。如果微粒与空间是无限的，那么它们就会反复产生同样的东西：就会存在其他地球，充满其他或同样的生物。人类不是独特的，也不是原初微粒有目的的演化结果。这个世界以及其他任何世界，都不是上帝或诸神为人类而创造。因此，除我们自己所赋予的意义，人类没有任何重要意义：没有终极目的，没有形而上学或宗教目标。人类与人类的世界类似其他事物。我们赋形、生长、腐朽、回归宇宙原初的微粒仓库。卢克莱修如此描述这个回归过程（《物性论》第五卷）：

> 无物永存。海洋在细微的雾霭中
> 离开；月光下的沙，遗弃自己的处所；
> 它们所在的地方，其他海洋
> 冲上其他海湾的白色沙滩，劈砍自己的大镰刀。

我们不难想见，古人（以及后世！）憎恶这类希腊哲学。当然，更恶劣的仇恨尚未来临。

伊壁鸠鲁派物理学的第二个结论是上帝或诸神要么不存在，要么属于空虚的空间和移动的微粒所构成的宇宙。伊壁鸠鲁或许敬重他的文化氛围所包含的神祇，或者能够体谅神祇在公共（以及之后的帝国）祭典、公民的忠诚、身份认同等方面的重要作用，从而将神祇纳入这个宇宙的一部分。然而，他描述神祇的方式，决非宗教所能接受的。他认为，神祇是空间里不可见的精细微粒所构成的实体。他们永远快乐，永远休眠，自足自在，不关心人类或者人类的存在。在《物性论》第三卷，卢克莱修重述这一思想：

> 他们安逸地睡在梦中，在遥远的地方
> 永恒地欢乐。我们不必害怕他们的威胁，
> 他们也不给予我们希望。静谧者如何憎恨？
> 无泪者如何知道一滴眼泪的意义？

神祇对于我们的唯一价值，就是提供幸福人生的典范，让我们期冀企及幸福，尽管实现的机会渺茫之极。

伊壁鸠鲁派物理学的第三个结论：肉身死亡之后（也即构成个人的微粒的结构分解之后），人不可能继续存在。卢克莱修提出许多论述支持这个结论。原初的微粒结合为一个短暂的存在（构成你或我），拥有复杂部分或运动，这就是心灵和生命。仅此而已。心灵移动身体，对此，我们自己有所体验。因此，在某种意义上，心灵必定碰触身体，并且作为同一结构的部分与身体相连。物质实体腐朽之后，心灵不能存在，正如花瓣腐烂之后，玫瑰香气便不能持久。在此，让我最后一

次引用卢克莱修的伟大诗歌：

看这朵提尔红的玫瑰，零露瀼瀼
今日是一朵玫瑰。明日它是什么，
你问题是徒劳；昨日
它是尘埃，是阳光，是雨滴。
凉风未起时，凉意何处停驻？
琴低放时，音乐何处停驻？
红色与红色的玫瑰岂非同一，
雪的白岂非白的雪？

在《物性论》第三卷，卢克莱修对生命有死的论述，比伊壁鸠鲁走得更远。在这一卷里，他汇集哲学史上所有关于灵魂有死的观点和证据，形而上学、物理，伦理学、心理学，无所不至。卢克莱修如此狂热地拥护生命有死，并欣然接受这个事实，伊壁鸠鲁则泰然处之，何以如此？因为接受生命有死，就能让人不再畏惧死亡这一绝对肯定的事实，从而反倒能够专注于好好地生活。

生活方式

简言之，关于好的生活，伊壁鸠鲁派有一道简单的处方。那就是幸福的人生，幸福就是生活在和平的友谊里，与人保持好的关系，身体不受任何痛苦，心灵没有恐惧和焦虑。

伊壁鸠鲁最关心的问题，就是如何与朋友一起生活，如何作为个人好好地生活。因此，他的花园是志同道合的人一起和睦生活的社区。

对于伊壁鸠鲁（正如稍后时代的早期基督教徒一样），“people”这个词指一起在生活里践行教义的人，无论男性、女性和奴隶，大家没有社会差异。

伊壁鸠鲁所倡导的友谊（philia），有时英译为“love”。然而，希腊语有三个不同的词语表达“爱”：eros指性爱，philia指任何人类之间不论性别的友谊，agape指一种较精致的观念，通常英译为“spiritual love”（精神上的爱）。对于死去的圣徒甚或贝多芬的交响乐，人们也许可以有精神上的爱。然而，无论agape具体指哪种情感，它绝不是伊壁鸠鲁倡导的友谊，也即人与人之间的正常关系。

友谊是乐观的元素，可以让人快乐，让社区繁荣。在这层意义上，友谊之于伊壁鸠鲁派，颇似爱之于基督教徒。在消极层面上，伊壁鸠鲁派主张人们须尽可能地避免身体的痛苦。诚然，有些肉体痛苦既强烈，又有危险隐患，包括饥饿、瘫痪、恶心、干渴等。有时候，这些痛苦难以避免，倘若极为恶劣，就会致人于死地，然后人就不再感觉痛苦。然而，倘若只是一般的程度，人就能够承受这些痛苦。据记载，伊壁鸠鲁死于一种极端的痛苦，却泰然自若地接受所发生的一切。他最后一封信留存一些片段，其中有一句话：“写下这封信的七天之前，［尿］彻底停止，我忍受着将人类推到生命终点的痛苦。”

伊壁鸠鲁认为，我们需要摆脱的恐惧，既非来自政治暴力，也非来自军事暴力。对于这两种暴力，我们颇有些无能为力，只能尽量保持低调。为实现幸福的人生，我们不该让自己的快乐依赖于容易失去或被夺走的奢侈。我们能够掌控的自由，包括不畏迷信、不畏神祇、不畏死亡的自由。如前文所述，伊壁鸠鲁认为神祇要么不存在，要么不关心人类。因此，人类可以自由地探索诸如地震、疾病、闪电等自然现象的根源，无须认定它们是神赐之物（“没有一种东西是神的旨意从虚无创造的”)，我们可以自由地、尽我们所能地度过所拥有的只有一次的生命。死亡来临之时，恐惧的感觉不值一提，无异于我们出生之前回望非存在的永恒时所感到的恐惧。

伊壁鸠鲁关于人道与适度节制的理想，不能仅靠概述，而必须在他自己的话语间领会。数则语录便足以展现他的气度。阅览之时，切勿太匆匆：

> 趣悦本身不是恶，只是产生某些趣悦的东西招致纷扰，远甚于趣悦。
>
> 你告诉我，肉体的刺激让你容易感受性爱的乐趣。那么，随你自己的喜好去罢，只要不犯法，不违背良好的习俗，不给邻居造成痛苦，或者伤害你自己的身体，或者让自己贫穷。
>
> 你若想让匹索克勒斯（伊壁鸠鲁的学生）变得富有，不要给他更多钱，而要减少他的欲望。
>
> 不做任何害怕邻居知晓的事。
>
> 我们须把自己从政治和公共事务中解脱出来。
>
> 若不能治愈人类的痛苦，哲人的话便是虚妄。
>
> 对我们来说，死亡不值一提。因为身体一旦回归构成的元素，就不会有感觉，无感觉的东西，对我们来说，当然什么也不是。

我们不难看出，伊壁鸠鲁的追随者颠倒对他的理解，说他放纵自我，追求趣悦，说他只享受精挑细选的无休止的感官趣悦，此外，对什么都不满意。确实，他主张尽可能地远离世界的纷扰。可这样，你的快乐就尽可能地不依赖物质与贪婪地求取物质。为什么？因为不必要的财富导致躁动与不知足，快乐的基础就不会稳固，就会轻易受到威胁，譬如股市崩溃、战争、信用破产、火灾，或者入室盗窃。

那么，伊壁鸠鲁派何以被如此讹传，斯多噶派则避免这个悲惨的命运？事实上，这个讹传原本始于斯多噶派的敌意。作为哲学家和务实者，斯多噶派一向关心公共职责。他们（尤其是罗马贵族）通常憎恶伊壁鸠鲁派与后世的基督教徒，因为这些社区企图超越于政府及其施加的义务。这种曲解一直持续至公元2世纪。此后，伊壁鸠鲁派继续遭受基督教情有可原地却又极其严厉的敌视。

关于宇宙、人生、来世（或者没有来世），伊壁鸠鲁派处处与基督教作对。更甚者，他们不止搞哲学对峙，还要争夺信徒，扩大社区的民众。然而，让人惊讶的是，这两大社区的生活准则并无太大的差异。在这场较量里，伊壁鸠鲁派输了。随着这个世界变得愈发恶劣，岌岌可危，基督教宣扬另一世界的永恒的福祉，就愈发能够吸引贫苦、一无所有、患病、绝望的人，你所承受的这个世界的苦难，统统无关紧要，而这正是伊壁鸠鲁派拒斥的观念。

在无意义的宇宙里，一座“荒野的花园”，一群朋友一起生活，享受安宁，在简单、容易得到的事物里寻找快乐。今日，这个理想的社区，一如取而代之的基督教社区，都不可能实现。然而，在某些方面，伊壁鸠鲁派默默地赢了。他们关于物质与空间所构成的无限宇宙，毫不干涉人类的希望和忧虑，理解宇宙的运作无须引用超自然的力量，这些思想都属于现代生活的科学精神。我们也认同伊壁鸠鲁所强调的此生的快乐，认同他希望减少痛苦，克服非理性的恐惧，认同他尝试理解和接受死亡。那个边界，他已经走过，我们也都要走。然而，如果确似卢克莱修的豪迈宣言“那个边界是一道门，不通往任何地方”，那么，我们就无须心怀恐惧。

最后的话

小亚细亚西南部有一座城市，你或许会去游览。这个城名叫奥伊诺安达。由于历经地震，长期无人定居。此地交通不便，很难抵达。然而，这里发掘无数具有重要价值的铭文。譬如，哈德良皇帝恩准这座城市举办音乐节的许可文书和规章条例，都完好地保存下来。这些碑文的落款为公元125年8月29日。大约在同时或稍后时期，有一篇铭文刻在墙头，这道石墙可能属于市集广场。全文计约25 000字，是古典时期（或其他任何时期）最长的铭文。

第欧根尼授权并出资镌刻这篇铭文。此人必定十分富有，自称衰迈多病，在罗德岛度过暮年，为后世留下伊壁鸠鲁派哲学在古典时期的最后一份记录，尽管大多砌石断裂破碎，内容颇多散落或遗失。这篇铭文现今已恢复近6500字，主要得力于杜伦大学的马丁·史密斯（Martin Smith）教授。

与伊壁鸠鲁的思想一样，我们最好阅读第欧根尼的原文去领略他的思想。铭文的开头现在已颇为著名：

> 我已走到人生日暮时刻（论年岁，即将告别这个世界），在被死亡带走之前，我想赋一曲欢乐的歌，歌颂我完满的幸福，留下帮助素质优良的人。如果一个人，或者二个，或者三个或四个，或者任你选择一个数字，只要数目不太大，处于艰难的困境……［我会尽最大努力帮助每个人］……只是，如我前面提及，而今，大多人都患病，犹如感染瘟疫，因为他们对这个世界抱着虚妄的信念，关于他们的故事不断地增加；因为他们像绵羊，相互效仿，彼此传染这个疾病。再有，给我们的后人留下一些帮助，也是合乎公义的。因为

他们也属于我们，尽管他们仍未出世。爱人类，这训诫指导我们帮助路过这里的陌生人。

后面的铭文：

> [我们镌刻这篇铭文]……为那些被称为外乡人的人，尽管他们并不是外乡人。因为地球的不同部分，使得不同的民族具有不同的国家，这个世界的整体，却赋予所有民族同一国度、同一地球、同一家园、同一世界。

与有些老人一样（其中颇多哲学家），第欧根尼有些啰嗦，但也很慈和。在虚妄信仰的阴影四面笼罩的世界末年，他依旧惠然传递温煦的哲理。他的伊壁鸠鲁派药方很平常，但措辞新颖别致：

> 对满溢的容器来说，水没有价值，我们也须如此看待平常范围以外的财富。
>
> 公共演讲充满焦虑，担心能否顺利讲完。
>
> 我们应当塑造慈善的神像，面带笑意，我们看着方能报以微笑，而非恐惧。

奥伊诺安达的第欧根尼可能不曾想到，近两千年之后，世界各地的有识之士在他期冀的同一家园阅读他的文字。遗憾的是，他最大的希望仍未实现，如今也成为我们的希望：

> 我们不能企及普遍的智慧，因为并非所有人都能企及智

慧。然而，我们若认可这个可能性，那么神的生活必定会传承给人类。因为万物将会充满正义和互爱，不再需要武器或律法，不再需要我们因害怕他人而构造的一切。

推荐阅读

对于能够阅读希腊语的人，伊壁鸠鲁派的大多数文本都颇为易读。卢克莱修的拉丁语著作有数十种英译本。剑桥出版社洛布古典丛书收录威廉·亨利·德纳姆·劳斯（W. H. D. Rouse）和马丁·佛格森·斯密斯（M. F. Smith）的译本，译文皆相当精良（1992年）。牛津世界古典文学丛书收录赫尔曼·梅尔维尔（R. Melville）的韵文译本，也十分可读。《伊壁鸠鲁派哲学家》（*The Epicurean Philosophers*）收录伊壁鸠鲁和卢克莱修的全部著作，编辑是约翰·加斯金（1995年）。关于第欧根尼，可以参见马丁·弗格森·斯密斯的《奥伊诺安达的第欧根尼：伊壁鸠鲁派铭文》（*Diogenes of Oinoanda: The Epicurean Inscription*，1993年）。

第八章

斯多噶派：责任与自然法则

古代世界的哲学流派通常以创始人命名，以便让他们的名字永远流传。斯多噶派则有所不同。斯多噶派创始人是季蒂昂的芝诺，大约生于公元前335年，在塞浦路斯（Cyprus）创办这个哲学流派。公元前313年，季蒂昂的芝诺来到雅典，似乎跟随数位苏格拉底派和柏拉图派的哲学家学习。随后（具体时间不详）他开始授教，课堂设在雅典市集广场侧面的图画游廊（Stoa Poikile）。斯多噶派是古代最受推崇的哲学流派，后来深得罗马帝国贵族精英的拥护。流派的名称便是源自游廊（Stoa）这个建筑形式。公元前263年，季蒂昂的芝诺逝世。

芝诺的思想体系颇似伊壁鸠鲁，可以分为三大方面：他的逻辑学包括语言的阐述与知识的理论；他的物理学提供一种令人敬畏的宇宙论，可以比拟当代科学；他的伦理学指导人们如何回应自己在宇宙（这个宇宙从未在地球上完全消逝）的广袤物理界所占据的位置。

坚硬的山、遗落的地图

倘若面对愿意思考的听众，斯多噶派的哲学并不难概述。然而，若要将芝诺的继承者所衍化的全部论辩统统讲解清楚，那么即便是最精深的学者，恐怕也难以做到。这里的困难源自三大原因。首先，整个理论体系繁琐之至，采用复杂的概念，有些概念与知识背道而驰。

斯多噶派企图以宏大的方式包罗万象，在漫长的时间里，为了捍卫自己的观点，构想无数精巧绝伦的论证。

其次，斯多噶派的体系并非一成不易，而是不断地衍化。芝诺逝世后的两个世纪里，连续出现许多卓越的拥护者与反对者（纵使在最高雅的鸡尾酒会，可能也无人听过这些名字）争论体系的优点，同时修改旧观念，接纳新思想，颇似今日的同行评审，不断地精炼一种科学理论。

最后，在希腊化时期，斯多噶派的高产哲学家的著作全部失传。这是古典世界最深重的智性灾难。这里仅举数例：芝诺、克利西波斯（Chrysippus）、帕奈提乌斯（Panaetius）、波西多尼乌斯（Posidonius），他们的著作全都佚失。我们只能看到他人的引用、指涉或概述。罗马时代有一些幸存作品，从他们的著作里，我们可以看到这些罗马作家将斯多噶派哲学视为人生指南。

在这些罗马作家中，最早的一位是西塞罗（Cicero，公元前106—公元前43年）。西塞罗虽不完全认同斯多噶派的教导，但他晚期的著作为罗马读者讲解希腊哲学，描述波西多尼乌斯等人的哲学，构成我们今日所能看到的最全面的文本。塞涅卡（Seneca，约公元前4年—公元65年）是罗马帝国能干的行政官，在尼禄执政的最初八年奉职（并保持正常的心智）。他的《道德文论》(*Moral Essays*)、《书简》(*Epistles*)，都十分可读，还有一些滑稽小品文，讲述前任皇帝克劳狄乌斯死后的经验。爱比克泰德（Epictetus，约公元50—约公元120年）曾是奴隶，用希腊语写作，他的著作较难阅读。最后一位是马可·奥勒留（公元120—公元180年），公元161—公元180年为罗马帝国皇帝，他的私人手记和道德思考（比曾是奴隶的哲学家更谦卑）收集为《沉思录》(*Meditations*)，这本文集由于幸运的历史偶然性而流存至今。

那么，这个宏大悠久的哲学体系是怎样的？如同前文描述伊壁鸠鲁派的方式，在这里，我也要回避逻辑学。斯多噶派的逻辑学殊为精深，可以说是亚里士多德与18世纪乔治·布尔（George Boole）之间唯一重大的发展。然而，若要介绍这个逻辑学，却须涉及大多数人不太感兴趣的哲学考古和技术细节。物理学确实很精彩，但需要想象力和高度专注的精神。伦理学虽颇易理解，但也与物理学交织得难分难解。

可理解的宇宙

由于无数原始资料已佚失，我们无法准确地重构斯多噶派提出物理学第一原理的理由。然而，大致情形可能如下：

> 宇宙，一切，是无限的空虚，再增添大量而有限的物质的连续体，构成整个秩序（cosmos）。请注意，这个观点有别于伊壁鸠鲁派，后者认为宇宙是无限的物质在无限的空间随机移动。
>
> 物质，即空虚中的任何东西，都是惰性的。物质内充满一种可以理解的行动，斯多噶派称之为内在的炽热的气体（pneuma）。（这里也请注意伊壁鸠鲁派的差异，他们认为原初微粒与微粒的运动是不可分离的。）我们若将斯多噶派的物质理解为电线，pneuma为内在的电流，那么两者之间的对比可能比较容易理解。
>
> Pneuma体现为模式、秩序、宇宙的可理解性；它是我们所能察觉的自然法则，即万物的原因或逻各斯。斯多噶派经常令人困惑地称“万物的原因”为神，但它并非现代人所熟悉的略有人类关怀的拟人神祇，而是自然的有序、广袤、可以理解的运作。

自然法则

斯多噶派在自然的逻各斯之内，界定三大最普遍或最高的自然法则。这些法则是因果决定论、重力和不断扩展的动态宇宙，它们能够且已产生大量特殊的科学原理与理论。

一、因果决定论：在《论占卜》(*De divinatione*)，西塞罗生动地阐述了这个原理。他的陈述可能复述或引自他的老师波西多尼乌斯：

所谓命运……我是指无数原因的秩序。在其中，每个原因相互关联，每个原因本身导致一种结果……因此，任何一件事物，都是势必会发生的。相同地，自然界找不到动力因的任何事物，都不会发生。因此，命运仅被视为一种物理原理。这并不愚昧。“它是万物的永恒的原因，过去、现在、未来事物的由来”……因为知道未来事物的原因的人，必然也知道未来会发生的每个事物……将要发生的事物，并非遽然浮现，时间的进程犹如一圈线，不断地拉伸，不是呈现新鲜事物，而是依次披露每个事物。

寻找特殊的因果链这个最基本的科学活动，显然殊为艰难。同样地，人类行动的自由和责任，显然也具有令人不安的决定论后果。斯多噶派奋力解决这个难题，然而仅取得微弱的成就。

二、重力：斯多噶派预设这样一种力量，可以阻止个体化的事物，也能阻止伟大的宇宙本身破裂、消失在宇宙无限的空虚。在较常见的范围里，他们认为这种力量能够解释海洋的潮汐“呼应月球”。

三、不断扩展的动态宇宙：斯多噶派认为宇宙以循环方式的运行，在现阶段，它朝外运行。在这个过程的开始，同时也是我们正处于的过程，充满pneuma的物质火球爆开，成为宇宙。这是一个不断扩展的动态体系。这些扩展的力量最终要屈服于重力的吸引力，所有一切就会毁灭。然后，再次爆开为搏动的宇宙。这个观念貌似古怪，也许不再似数十年前那般稀奇，因为当下正流行一切始于宇宙大爆炸的科学理论。在《告慰书：致玛西亚》（*To Marcia, on Consolation*），塞涅卡生动地表达了这个理念：

世界该被毁灭，以便重新开始之时，这些东西会用自己的力量摧毁自己，星辰相互冲撞，世上所有会发光的物质，现在有秩地发亮，也会一同燃烧为大火……我们也是，在这个坠落的宇宙里，作为微末的部分汇进宏大的毁灭……当神觉得宜当重新创造宇宙之时。

自然的桥

现在介绍哲学史上最激动人心、最不同寻常的思想。这个思想或许不可信，甚至不合情理，但至少具有让人思索与惊讶的力量。

关于人类和作为整体的宇宙之间的关联，斯多噶派认为人类是宇宙连续体的一部分，既是惰性的物质，也是积极的智性或理性。用希腊化时期斯多噶派从未使用的说法（就我所知），智性（我们依靠它而行动的东西）与宇宙里万物的可理解性或原因（包括秩序、规律性和自然法则性或者“神”）属于同一物的不同方面。人类只是万物之所以行动的一小部分原因。人类也是宇宙的物质的一部分，须服从宇宙的法则。

人体之内，有火，一种主动的火，也即人的意志。然而，作为物质，人有极大的局限性。无人能够永远存活。无几人能够创作海顿的四重奏，或者在焚烧的熔炉上行走而不被烫伤。绝大多数人不能在四分钟内跑完一英里。但是，人能够接受自己的局限性，力所能及地做出成就。

与我们现在一样，斯多噶派也忧虑如何在因果必然性的框架之内解释人的自由和责任。尽管是与现代人不同的方式忧虑着。克利西波斯试图摆脱这个问题，其解决方案似是宣称，我们允许某事发生在自己身上，这个允许不属于因果必然性。尽管这个的允许确实具有一些外在的必然原因，譬如，个人的基因构造，成长的生活环境。但是我们允许这件事发生，我们对发生之事的态度，至少部分源自某种内在的东西，这就是人的自由。这个内在的东西是理性。亚里士多德以惯有的敏锐，也得出近似克利西波斯的答案："个性发展过程中有一个阶段，在我们的性格僵化为决定性的习惯之前，在我们依然能够转向另一方向之时，在这层意义上，我们对自己是什么人，对自己所做的事负有责任。"

这些观点触及哲学最复杂、争论最纷乱的领域。希腊人有闲心争辩，罗马人却要实用的东西，以激发自己对于所统治的民族和帝国产生责任感。在西塞罗的短篇文论《论命运》(*On Fate*)里，我们可以看到罗马人的实用方案。西塞罗的这段话，实则引用早些时候希腊化时期的斯多噶派：

> 我们虽承认我们的机智或迟钝，强壮或虚弱，都不取决于自己，饶是如此，如若某人因此便认为，连静坐和行走之类的选择，必然也不是我们自己所能决定，那么此人便没有正确地理解因果关系。诚然，聪明与愚钝是天生的，由于同样的原因，强壮或虚弱也是天生的，纵然如此，这并不意味着我们或坐或走或执

> 行任何行动，都是被最初的原因界定与拘限……［试想苏格拉底，面相师认为他愚钝、好女色。］诚然，这些缺陷可能源自天生的原因；然而，若要彻底根除这些缺陷，让某人断绝严重的恶习，却不取决于天生的原因，而需要依赖意志、努力和训练。

因此，我们的体质与性格特征是先天决定，但我们有自由充分发挥其优势。我们没有彻底地被性格奴役。具体地说，我们通过思想控制自己的回应。这就是我们的自由，我们的积极的火焰，万物的理性。我们可以撒泼踢脚，朝黑夜呼喊；或者可以有尊严地死去，也许是在我们自己选择的时刻，知道自己的意志依循事物的秩序，接受必须如此的结果（斯多噶派完全不反对理性地选择自杀）。

个人的操守与苦难

斯多噶派有一则教条，若不细加解释，会显得十分荒诞。这则教条认为痛苦不是恶，愉悦也不是善。这是因为斯多噶派认为，善恶只是心灵的内在状态，不会影响外界的事物。作为人类，健康、优质的食物、充足的世俗物质“适合”我们，但并不必然地适合我们内心的操守。类似地，疾病、痛苦、贫穷“不适合”我们，但并不必然地摧毁我们的内心。甚至可以说，身体的苦难能够让内心进益。在《论天命》（*On Providence*），塞涅卡如此说道：

> 对于好人，我或许会说：“你是不幸的，因为你从未经历不幸；你一生没有遭遇一个敌人。无人知道你能做到什么，连你自己都不知道。因为人若想认识自己，就必须经历考验。”

话虽这么说，我们也须承认，斯多噶派虽讲着高尚的道德与哲学，在追求严谨的理性连贯性之时，学院派的斯多噶完全可能为了遵循原理，不惜推导出违背所有常识的结论。对于斯多噶派的乖谬理论，西塞罗和普鲁塔克（Plutarch，公元46—约公元120年）都有所批判，他们的批评角度正是属于世俗的明智之士。然而，斯多噶派宏大体系的轮廓至今完整无缺，一个人可以继续耗尽生命去琢磨。曾经（现在依然）有许多这样的人，其中有一人尤其突出。

马可·奥勒留

无人能似罗马皇帝马可·奥勒留那样，居至尊地位，怀最高责任感，将斯多噶派的学说付诸实践。他的《沉思录》是一部卓越的文献。这些简短的片段和文句，是他在极尽艰苦的工作之余抽空记录，思索自己努力做的事，努力要成为的人。不要将它看作一本著作。随意翻开某页，你会读到呆气、琐屑、复杂、迷信、日常的话语，也有些最深刻的思想，那是他与世上最伟大的人会集之时的记录。这里原文摘录数则，让读者领略：

> 让自己保持简单，做一个好人，不腐败、有尊严、朴素、正义、畏神、仁慈、有爱心，勇敢地履行你的责任……敬畏神、服务人类。人生短促。
>
> 破晓时分，不愿起床之时，心里准备好这个想法：“我要起床，去执行人类的工作。”我岂会依然气恼，不肯去做我生来注定要做的事，不肯去履行我来到世上的职责？或者，难道我被生下来，就是为了让我能偎在被窝里温暖？可是，这

多么享受！难道你被生下就是为了享受？简单地说，我问你，你要被［境遇］指使，还是自主地行动？

人们不能称赞你的才智敏捷。当然，还有许多品质，你也可以说“这是我天生的才能”。那么，展现你自己的才能！［皇帝在自言自语。］

如果你不能总是按照正确的原则行事，不要厌恶、沮丧或不安。挫败的时候，回到挫败的地方重新开始，如果从大局看，你的行为称得上真正的人，你就可以为自己欣喜，爱你走过的回头路。

如果有人伤害你，就思索他们与你的相似之处，由于无知而做错事，再思索你与他们很快就会消失；最重要的是，那人没有真正伤害你，因为此人并未让你内心做统率的理性变弱。

愤怒是极度不自然的面容，倘若时常面带怒容，俊美就会开始消逝，最后不能再度呈现。

在世界领袖当中，鲜有人似马可·奥勒留这样拥高尚的名望。马修·阿诺德（Matthew Arnold）允当地形容他为“最卓越的人之一”。然而，他的高贵带着一些疲倦。他热爱和平，但他执政时期几乎都在北部和东部征战，保卫罗马帝国。《沉思录》第二章第十七节最鲜明地传达出他忧伤地接受了这个事实：

人生是一场战争，一个朝圣者的逗留，人死之后的名声只是易忘……然而，倘若一物不断地转变为另一物这个事实并不可怕，人又何必用怀疑的眼光看待万物的变迁与消逝？因为这合乎自然的道，而自然之中不可能有邪恶。

马可·奥勒留蜷卧榻上（请看，他的双脚搁在温暖的猫身上）

最后一例：

人类为彼此的缘故而被创造。因此，要么彼此协助，要么彼此忍耐。

西塞罗对斯多噶派颇多批判，然而，对于马可·奥勒留这句话的意思，他作出更为精妙的表达。并且，由于他的话触及人类社会，从而为将来的自然法则理论作了铺垫。在《论法律》（*De legibus*）中，西塞罗写道："没有一物与另一物极其相似，因为所有万物彼此相似。"在《论目的》（*De finibus*）中，他写道："共同的人性这一事实，要求一人视另一人为相似者。"西塞罗和罗马的皇帝都已开始表达人类友爱这一美好的理念。在某种层面，我们都一样，都有同样的需要和希望，彼此负有同样的义务。然而，西塞罗走得更远。《论共和国》（*Republic*）有一段著名的话，呼吁一种适用于全人类的普遍法律：

> 真正的律法是正确的理性与自然相符合，普遍适用且永恒不变……元老院或民众不能将我们从这个律法中解放出来，我们也无须在自身以外寻找这个律法的诠释者。此外，罗马与雅典不会有不同的律法，现在与未来不会有不同的律法，只有一个永恒不变的律法，对所有人和所有时代都有效，在我们之上，将只有一个主人和统治者，那就是神。因为他是这个律法的创造者。（第三章第二十二节）

西塞罗的神，若被诠释为斯多噶派的“万物的原因”，那么这个关于宇宙秩序的观点，也能适用于人类社会：正如马可·奥勒留所希冀的，我们是这个宏大体系的一部分。

斯多噶派在希腊人精心构想与罗马人诚心接纳的基础之上，提出这样一种生活方式：

> 笃信个体属于一个整体，并且具有某种意义。
>
> 以内心的操守承受厄运和失望。
>
> 警诫自己不可过高评价自己的成就；人类的成就充其量是微薄的，并且很快会被遗忘。
>
> 推崇人的意志为灵魂的主宰，尽管意志拘限于自然法则的必然性。
>
> 作为人类社会体系的一部分，人与人的生命息息相关，

> 最终接受死亡是自然、不可避免的事实，视为回归出生之前的和平。正如两千年后英国诗人约翰·德林瓦特所说："万物的毁灭/也不会/因它的祭衣而留下记忆；/一切只在于人面对它的姿态。"

斯多噶派从未在地球上彻底消失。只是，大约在公元200年后，这个流派逐渐转向，过渡到神秘化的哲学和新宗教。何以如此？这是因为斯多噶派作为一种生活方式，其拥护者都是坚毅、深思、强健而有影响力的人。基督教为一无所有、软弱的人提供一切，不要求他们思考或进行复杂的辩论，只要求信仰：一旦有了信仰，就可以搬动大山。思考自始便是极艰难的事，然而，人们最终可能也不得不承认，大山依然立在原地。

推荐阅读

关于斯多噶派哲学，安东尼·亚瑟·朗（A. A. Long）的《希腊化时期的哲学》（*Hellenistic Philosophy*，1974年；修订版1986年）是很好的入门书，萨缪尔·萨姆伯斯基（S. Sambursky）的《斯多噶派物理学》（*Physics of the Stoics*，1959年）详尽地描述斯多噶派的物理学。阅读《沉思录》的任何片段，就可以深入了解马可·奥勒留的思想。现有数十种英译本。塞涅卡的124封书简短小可读，企鹅经典丛书有一种英译本（1974年）。至于塞涅卡的《道德文论》，洛布古典丛书收录了约翰·威廉·巴索尔（J. W. Basore）的精彩译本，这个三卷本译文已数次重版（1928—1935年）。

第九章

新柏拉图主义：最后的抗议

在罗马第一位皇帝恺撒·奥古斯都（在位时间是公元前31年—公元14年）之后，哲学与科学的进步不再只是知识精英沉迷自我的絮叨。哲学传授依然普遍流行。许多人作出卓越的科学研究，譬如帕加马的盖伦（Galen of Pergamon，公元129—公元199/216年？）引人注目的医学和解剖学成就，亚历山大里亚的托勒密（Ptolemy of Alexandria，活跃时间公元146—公元170年）的天文学研究。

雅典著名的哲学学校（柏拉图的学园、亚里士多德的吕刻昂、斯多噶派的游廊、伊壁鸠鲁派的花园）以各种形式流存，马可·奥勒留执政时期，甚至获得国库的大量拨款。然而，以创新的激情自由地争辩自然、宇宙和人类社会这一哲学特征，从米利都人传承至斯多噶派和伊壁鸠鲁，在这个时期却已经衰退，学者们仅止于延续、注疏、兼收并蓄地汇编先人的思想，就像用许多不协调的蛋，制作一盘好看的炒蛋。更甚者，这个世界出现一股新兴的力量，将要改变所有一切。

诚然，这些事件不可能有确凿的时间。或许可以说，公元180年，马可·奥勒留逝世之后，各种宗教与半宗教，尤其是基督教和诺斯替主义，都渗透性地向哲学思想施加压力。神学家（人类专业技能的一种新兴观念）开始界定自己的信仰，彼此争辩，将哲学家所阐述的理论转用于其他目的。在《尼西亚信经》（*Nicene Creed*），你依然可以看到这样的范例，圣餐礼将基督描述为“与父的本质为一”。“本质”

（substance）这个概念借自亚里士多德。至公元4世纪末，只有一些确实有助于宗教的哲学技术受到重视。那些被视为中立或不相干的东西，则因学术兴趣而保存。而那些怀有敌意的哲学，譬如伊壁鸠鲁和波菲利（Porphyry），则被全力摧毁。野蛮人纷起征服西方，东方流行超脱世俗的神秘主义和新颖的宗教。古典世界就此终结。

公元363年，最后一位非基督徒罗马皇帝尤利安努斯·奥古斯都（或称叛教者朱利安）逝世，宗教与世俗哲学长期并存的最后希望也随他一同死亡。在西方，公元410年，西哥特人攻陷罗马；公元451年，汪达尔人攻陷罗马；公元476年，西罗马帝国最后一位皇帝被废黜。在君士坦丁堡，东罗马帝国继续繁荣，但其帝国体系使用意识形态的术语描述的话，只能被称为神学极权主义。政权性质本身只是小事。然而，公元527年，古老的思想方式终于遭到毁灭性的最后一击：查士丁尼一世颁令关闭雅典残存的非基督教学校，将城中的教授学者驱逐到东方。

但在公元3世纪，古典哲学依然最后一次绽放。尽管这朵花只是过度理性化的神秘主义，后世称之为新柏拉图主义，最早倡导者是普罗提诺（Plotinus，公元204—公元270年）。普罗提诺的思想被视为哲学，而不是宗教，因为他使用论述，而非简单地宣告教条式的启示，也从未用自己的思想辩护一些先前被接纳的信仰。在这层意义上，他的哲学依然遵循苏格拉底的传统，“跟着辩论走，无论它引向何方”。纵使辩论引向极度的勇气，去说不可说的，去想不可想的。

普罗提诺

关于普罗提诺的生平，我们所知的第一个确凿事实就是，27岁之时，他到亚历山大里亚学习哲学，逗留至公元243年。那年他移居罗马，开始传授他所诠释的柏拉图著作的真正含义。50岁之前，普罗提诺没有任何著述，若在现代大学，这便意味着他要么被迫提前退休，要么当上副校长。普罗提诺的著述共计54篇文论，简述了他的柏拉图主义，都是由他的学生和传记作者波菲利在公元300年前后编辑、出版、交给读者。这些著述全部流传下来，人们方能在后世的欧洲哲学中得以看到半神秘主义的柏拉图主义。

普罗提诺和波菲利（也是成就卓越的哲学家）拒斥基督教，因为基督教依赖信仰而非理性，它的超自然性立基于凡人基督，并且面向个人。然而，普罗提诺的柏拉图主义与基督教（当时君士坦丁堡在争论甚至争战基督教所定义的正统性）之间的关系颇为模糊。波菲利的著作《驳基督徒》(*Against the Christians*) 被焚烧，无一个抄本得以保存。公元529年，最后被逐出雅典的哲学家，全都是新柏拉图主义者。然而，在公元4世纪，新柏拉图主义学校分布广泛，他们的许多思想被纳入基督教哲学和神学，影响近至17世纪的剑桥柏拉图主义者和英国诗人威廉·布莱克，以及1941年逝世的法国哲学家亨利·柏格森。

新柏拉图主义：存在的巨链

大多希腊哲学强调自制与适度，倾向于贬抑富贵名望。用伊壁鸠鲁的格言说："你若想让匹索克勒斯变得富有，不要给他更多钱，而要减少他的欲望。"这种哲学决不能吸引影视明星、投资家，以及每年以数百万美金度日的职业运动员。当然，普罗提诺的哲学不能流行，还有其他原因。他的思想，形而上学得让人惶恐，与我们的日常理解力相距太遥远。最麻烦的是，愈是深入阅读，这套思想就愈发诡异地让人信服。遗憾的是，这是一道本值得细品的美味，而我只能让读者索然无味地瞥上一眼。

正如第五章所解释的，柏拉图哲学的一大元素是现实的两个世界理论。“这个世界”是有失误的日常感知的世界，另一世界是无物质的灵魂、永恒的现实、可以理解的形式。普罗提诺认为，柏拉图的二元论是错误的。但是，他既不似亚里士多德用冷静的理性主义和世俗的通情达理去驳斥，也不似伊壁鸠鲁派或斯多噶派另行构造包罗万象的一个世界的宇宙。相反地，普罗提诺构想现实的单一体系，这个现实被称为“一”（无形体、自因、绝对地自由、绝对地善），所有一切存在最终依赖于它。“一”既无开端，也无终点，以递减的现实性散溢所有一切存在，每个后来的存在比先前的存在更零碎，数目更多，与“一”相距更遥远。

在绝对存在的“一”之下，第一阶段是世界–心灵（Nous）。它从储备过剩的存在和无穷无尽的太阳那生命一般的光芒散溢出来。普罗提诺称之为“尚不具有视力的视觉”，它变成“多”，完全不同于“一”。

第二阶段散溢世界–灵魂（Psuche）。它从世界–心灵散溢出来。世界–灵魂是生命的普遍原理，本身之内包含所有个体的灵魂。

第三也是最低的阶段从世界–灵魂散溢出来。这是时间和空间里的物质宇宙，所有形体囊括在世界–灵魂的茫茫无际的海洋。

最低阶段之下有不定形的物质，它是生灵的被动物质，与“一”相距如此遥远，因而必须被称为恶。

是的，我知道，你看得糊涂。不必困扰，无数好奇的人曾经与你一样。普罗提诺借助这个体系宏伟的理性化神秘主义，在波菲利的帮助之下，成功地将柏拉图思想的一种版本，带过黑暗时代，传至中世纪的欧洲。古代的著作历经摧毁，除柏拉图的著作，惟有普罗提诺的著作得以完整地保存至今。若说他的著述太艰深，那么波菲利在编纂普罗提诺著作之时所撰写的前言《生平》，倒极为易读。那么，这里就让波菲利作最后致词；或者，更应该说，正如在古典时代的开端，在古典时代的终点，我们也用荷马作最后致词：

> 普罗提诺写作之时，从来不能忍受反复推敲，因为他的视力微弱，即便自始至终再读一篇，他也觉得艰难。写作之时，他不考虑字母的书写或清晰地界定音节，也不在意拼写。他只关心思想。并且，让我们所有人惊讶的是，他终生保持这个习惯。他心里默想，自始至终安排思绪……然后抄写似地命笔直书……他喜用如痴如醉的口吻，表达自己的想法……“人类的一道光芒”。

第十章
古典时代的终结

无物永驻；万物流逝。

碎片抓紧碎片——万物如此生长

及至我们给予认识与命名。渐渐地

它们融化，不再是我们认识的物。

卢克莱修如此描绘宇宙的本质。当然，他也可能在描绘人类和社会制度变迁的速度。若拿公元前325年亚历山大与亚里士多德的世界，比较公元2世纪哈德良皇帝与盖伦的世界，我们就会看到很多东西变换了面目，但依旧不乏可辨认的特征：世界愈发广大复杂，民族与文化愈发多样，供选择的神祇愈发众多。在更辽阔的疆域，社会更安全富裕，尽管也更残酷，但依然拥有古典时代的希腊精神，能够包容自由的推想和思考。宗教、建筑、公共生活、神庙及其功能、剧院及其活动、学校与公民运动会，全都体现着一种连续性。识字能力，尤其在东方，相对地普及，书籍和纸莎草抄本得到保存和珍惜。在哲学与科学方面，人们依然能够“跟着辩论走，无论它引向何方”。

然而，若将公元5世纪早期的世界（罗马帝国皇帝狄奥多西一世在公元395年逝世之后的世界），比较圣奥古斯丁皈依基督教之后的世界，那么，我们就能看到，东方充满社会与知识的变革，西方则只有摧毁。关于这些军事、种族、政治的摧毁，可以阅读约翰·布莱恩·沃德-珀金斯（J. B. Ward-Perkins）的《罗马的衰亡和文明的终结》（*The Fall of Rome and the End of Civilization*，2005年）。这部题名贴切的著作，史料详备，叙述生动。东方经历宗教、文化、哲学的变迁，改变甚至摒弃几乎所有属于古典希腊精神或哈德良皇帝会认可的东西。城市本身的结构也在变化，先前时代的地址荒落或遗弃，成为我们今日所见的壮观的废墟。

鉴于这个时期并无战争或毁灭性的侵略，究竟是什么导致传统世界的崩溃？有个答案看似简单，却掩盖着无数深意，即宗教。

姑且不说拥护圣保罗神圣干预所涉及的各种自相矛盾的可能性，古典时代的异教以及形影不离的自由精神，何以被挫败？基督教有很多明显的弱点，又何以会成功？这些问题太复杂，不可能用一二句话回答，但也不能完全撇开，因为它们既具有深意，又与我们眼前的境况密切相关。

异教

古典时代异教精神的宽容的混乱状态，最适宜使用否定方式描述，侧重强调所缺乏的一神论宗教里为人熟悉的东西。[顺便提及，这些欠缺以基督教曾经（在一些方面，今天依然是，譬如进化论）难以企及的方式助益科学和哲学思想]。

> 一、异教神祇不似我们屈服于死亡，在这层意义上，他们是不死的。然而，他们也是宇宙的一部分，可畏、强大、不可见的部分。我们要意识到这一点，饶是如此，他们仍只是一部分，他们既不是所有一切存在的创造者与卫护者，也不是万物如此这般的遥远的终极原因。

二、异教神祇不排斥异己，如果你在雅典拜雅典娜，在艾菲索斯拜阿尔忒弥斯，在不列颠北方边境参加密特拉秘仪（因此，这句俗话就流传开来，“在罗马，就学罗马人”），你的行为绝不会冒犯到哪个凡人或神祇。提及虔诚之时，苏格拉底用更哲学的诠释讲述同样的思想：虔诚是“神与人类交往的艺术”。换言之，这是神人之间宪法式的安排。

三、古老的神祇具有混乱的本质，新的崇拜和新的神祇随时加入，随时离开。因此，这些宗教没有一套固定的教义和体系化的神学，不设置全国性或国际性的牧师组织，不发行神圣权威的圣典，从而也没有宗教异端。有圣典的宗教，其圣典的诠释必须有精确的界定，若有必要，用战争解决诠释的分歧。

四、信仰异教意味着在神最喜爱的地方避免做出不得体的举止冒犯神，诸如圣所、圣林，或者任何专门为神圈画的地方。崇拜者必须取悦神，可以用炙烤牺牲的香气、文辞适宜的戏剧和颂歌、适当的祭典仪式。同样的道理也适用于无数品级低微的神祇，他们掌管小事，譬如炉灶、森林、山川河流，崇拜的仪式也相应简单。因此，人神之间的关系类似协议或交易：我们尽力崇拜你们，你们高兴时就帮助我们。

五、罪孽是指在人类有意识地无视神的意愿，从而脱离神的恩惠。在古典时代的多神世界，几乎不存在罪孽。由于粗心或意外，你或许未曾正确地履行祭仪；你或许疏忽，未曾遵循某地习俗，从而冒犯当地一位神祇，这位神祇可能伤害你；你甚至可能像俄瑞斯忒斯（Orestes），违背某个绝对的行为规范（praxis），从而被神惩罚，直到神改变规范，免去你的罪责。然而，你的心依然可以自由思考。心中怀有疑虑或渴望被禁忌的事物，抑或沉思或相信宇宙的本质，决不构成罪孽。

六、最后，我们若与一位或多位神祇保持良好的关系，并不能确保我们会得到永恒的福祉或永恒的惩罚。

因此，简单地说，迥异于基督教或伊斯兰教的一神论，古典时代的多神论认为神祇是这样一种存在：

宇宙的一部分。

不拿赐予永生交换人类的信仰。

不排斥其他神祇。何况，神祇们大多是亲戚，甚至是同一位神祇换用另一名字（因此，不存在宗教宽容问题）。

多神论神祇所象征的宗教，无须全国性或国际性的统一标准，无须具有神圣权威的圣典，因此无须有正统或异端等概念。

众神中间不存在绝对的恶。换而言之，没有撒旦。

我们可以看出，这个宗教氛围很容易滋养科学和哲学的发端，与其接替者大相径庭。试想17世纪针对伽利略的宗教抵制，或者创世论者至今不懈地攻击进化论，我们就能体会这个宗教氛围的好处。如果伽利略的理论和进化论出现在古典时代（确实已出现），无人会引用敬畏神祇这个理由来反对。人类所崇拜的神祇，不担负宇宙本质的责任。

新的道

宗教上宽容、貌似散漫的古典世界，为什么让路于一种排斥异己的宗教，并且最后让得那么快？更甚者，竟让路于在东罗马帝国统治下产生、在西罗马帝国的废墟里缓慢而痛苦地成长的宗教？较笼统的答案是，皈依基督教的人，对人生、死亡、痛苦都有独特的观念，迥异于他们的异教同胞和先辈。那就是他们有信仰。简单地说：

> 一、基督教徒具备非同寻常的力量。他们绝对地、毫无保留地相信，他们所拥有的真理，会赐予他们永恒的生命，无论这个世界如何对待他们，困苦、贫穷、社会的剥夺、可怕的死法，这些都不重要，因为苦难预示着基督复临之时，死者会复活，进入天堂享受极乐。
>
> 二、基督教接纳所有人，不论此人的生活多悲惨，人际关系多糟糕，不论文盲或贫苦人。这个宗教接纳外来人、弱势群体；而庞大的帝国对于这些人，只给予奴役和低贱。这个宗教也为自觉罪孽深重的人提供宽恕。
>
> 三、基督教势必与罗马政府发生冲突，最终甚至主动挑起争端。早期基督教社区似伊壁鸠鲁派，但更招摇，在国家之内形成自己的国家，拒绝按章办事。伊壁鸠鲁派心安理得

地在神化的皇帝和众神面前献祭，对他们来说，这里的问题不是信仰。基督教徒则做不到。他们只有一个神，其他神祇，若不是恶魔，就是虚构的假象。因此，基督教社区不定期地突然遭到当地社会的迫害，并非由于教徒的信仰，而是由于他们拒绝履行或者公开抗拒公民或帝国的责任。政府确实企图高压迫害基督徒之时，却已为时已晚。何以如此？因为基督教的主教们宣称，殉难者无须等候，直接被上帝搂进怀抱。殉难残酷之极，尤其在北非和西罗马帝国。然而，最可怕的是，基督徒想要殉难，罗马政府不知如何应付自找苦吃的人。

四、早期基督徒对于死亡和苦难的态度，颠倒古典时代的观念。古典时代的观念可追溯到荷马，认为人应当避免死亡，从活人的角度看，死亡不能提供任何好处，苦难也不是让人喜欢的东西。如果苦难过于严酷（譬如修昔底德所描述的雅典瘟疫），就会成为反对人类依赖神祇的证明。基督教颠倒这种思维方式。你受的苦难越深重，就越像基督，永生的道路筑在苦难之上，甚至受着折磨死去。这种牢不可破的顽固信仰，极能吸引那些在世上没有太多可失去的乐趣的人。与这种信仰对峙之时，罗马政府最终无能为力。

基督教与罗马政府通过两个阶段，最后达成和解。首先，君士坦丁大帝考虑到国家统一，接受和解协议。继而，狄奥多西一世别无选择，只能强行实施协议所提出的要求。

不宽容的各个阶段

根据道听途说的耶稣生平，圣保罗构造一个宗教，迥异于古典时代所有教派、秘仪、各种形式的崇拜（犹太人除外，但他们一向只管自己的事）。这个宏大且最终囊括一切的区别就是，圣保罗的宗教宣称自身具有如此的独特性与普遍性，以致杜绝人类信仰其他宗教或崇拜的可能性，随即甚至谴责它们为罪孽。这种宗教一旦掌握权力，就像亚里士多德的三段论所述，后果不难预料。而基督教掌权的政治后果，在三位罗马皇帝的统治时期逐渐地演绎。

公元313年，君士坦丁大帝颁布令人称赞的著名的米兰敕令，或称宽容敕令（Edict of Toleration）。敕令宣告：

> 吾等决意启用此政策，也即，我们当认为无人应被否决献身基督教崇拜的自由，或者任何他本人认为最适合的宗教。故此，最高的神祇，我们用自由的心灵宣誓效忠的最高神祇，会赐予我们他愿意施予的恩惠和仁慈。

47年后，被迫皈依基督教的尤利安努斯在君士坦丁堡继位，他最后一次尝试新旧宗教并存。他的朋友和同代人阿米安努斯·马赛林努斯（Ammianus Marcellinus，约公元325年—约公元395年）说道：

> 他的恐惧平息［宣告自己信仰众神］，觉得自己为所欲为的时刻终于来临，他披露内心的秘密，下达口头和书面谕旨，命令开启神庙，恢复［众神的崇拜和祭祀］。为增益诏令的效力，他宣召基督教主教，主教们意见不一，百姓也不知效忠何方，礼貌地建议他们消除嫌隙，各自无畏忌、无抵触

> 地信仰自己的信仰……他有亲身体验，深知在人类所有的敌人当中，没有哪一种野兽，狠得过绝大多数基督教徒的极端憎恨。(《历史》第二十二卷第五章)

可惜，尤利安努斯不久便辞世，在抵制波斯与保卫帝国的战争里丧命。及至此世纪末，狄奥多西一世决定反对宽容异教的政策，压制偏离被指定为正统的基督教的任何倾向。事实上，他对待其他基督徒的态度，始于公元381年，鲜明地证明尤利安努斯的可怕罪名，若这态度并非蓄意的话：

> 遵守尼西亚的信仰，这是我们先祖传承下来的，有神圣宗教的见证和宣告作为印证，注定要永远流传，永远捍卫。佛提尼亚派的过失，阿里乌派亵渎的毒药，优诺米派异端的罪孽，各种教派难以言喻的怪状，都要统统驱逐干净。

这个状况持续数百年。古典世界的自由以及各种荒谬消失殆尽。

哲学的变迁

往昔的希腊世界与未来的中世纪之间的这段时期，见证了在使用理性上的巨大变迁。这里没有必要描述和分析这个变迁。有两位人物说出的截然相反的话，充分地体现了这个变化。两人都具有极高的才能与名望，一人生在古典时代的正午，另一人生在古典时代的黄昏。

前一位是亚里士多德。他的《形而上学》开篇宣称“所有人天生欲求知识”，这段话被人反复引用。在这部著作稍后部分，他谈及如何积累知识：

尽管无人能够胜任地企及真理……每个人说准事物本质的一些东西，尽管单独的个人极少甚至不能为真理作贡献，但是，结合所有人，就能积聚可观的数量。

科学家收集信息或者考察队研究项目，也会作出这样的描述。下面这段话也是出自亚里士多德（摘自《物理学》），论述如何提出分歧的意见，以及真正的结论需要怎样的前提：

某人［依据上下文，是指阿那克萨戈拉斯］只是张口宣称这个特定的连续过程确实发生，这是不够的，除非他能指出决定性的原理，而不能将一个毫无根据的假设制定或断定为公理。相反地，他必须为他的主张提供一些归纳或演绎的证明。

后一位人物是希波的圣奥古斯丁（St Augustine of Hippo，公元354—公元430年）。在《忏悔录》中，圣奥古斯丁谈及事物本质的知识，态度迥异于亚里士多德理解世界奥秘的欣喜：

诱惑的另一种形式，甚至充满更多危险。这就是好奇的疾病……正是这种疾病，怂恿我们企图探悉自然的奥秘。然而，那些奥秘超越我们的理解力，对我们毫无益处，人类不该想要知晓。

关于如何对待分歧的意见：

> 那么兄弟之谊有何用途？友爱岂会因为畏惧少数人的短暂的熔炉，就将所有人抛弃在地狱永恒的烈火？友爱岂会任由无数人永久地死亡，只因为异教徒不容许他们遵循基督的教导而生活？

无论人们怀持何种信仰，不可置疑的是，伟大的哲学体系可以追随辩论，不论它引向何方，可以打开自然宇宙的大门。设若基督教这个无所不知的宗教在古典时代开端而非终结之时便已流行，那么自由的哲学体系就不可能繁荣。荷马和古典世界孕育我们的思想，圣保罗和穆罕默德孕育我们的信仰。两者的结合或离析，成就今日的我们。

推荐阅读

公元2世纪哈德良皇帝主宰的古典世界转变为公元4—5世纪宗教主宰的世界，这个转捩构成一段引人入胜的故事。迄今为止，最好的第一手资料和史实来自罗宾·莱恩·福克斯（Robin Lane Fox）的《异教徒与基督教徒》（*Pagans and Christian*，1986年）。罗马皇帝尤利安努斯·奥古斯都（基督教称他为叛教者尤利安）对于欧洲的作家和知识分子具有无穷的吸引力，阿德里安·默多克（Adrian Murdoch）近年出版的《最后的异教徒》（*The Last Pagan*，2003年），是一部极其忠实的奥古斯都传记。洛布古典丛书收录这位皇帝本人幸存的著述（三卷本，麻省剑桥，1913—1923年），读者可以尝试阅读《驳加利利人》（*Against the Galileans*）。这篇文章源自仓卒的口述，大部分内容被他的对手销毁或损坏。然而，作为“最后的抗议”，这份文献本身很有可读性。在《公元381年：异教徒、异端与基督教国家》（*AD 381: Heretics, Pagans and the Christian State*，2008年），查尔斯·弗里曼（Charles Freeman）生动地描述奥古斯都的帝国如何最终演变为拜占庭基督教社会。还有，切勿忘记吉本，他的《罗马帝国衰亡史》仍是英语世界最可读的史书。这部著作的前三章精彩地叙述罗马帝国在公元2世纪的鼎盛时期，第15—16章开辟新的领域，胜者书写历史，而在公元4世纪，基督徒虽历经苦难（无论真实或伪造），仍不失为胜者。1400年以来，吉本首次重新审视基督徒被迫害的规模和性质，探悉史实并非完全似基督教的辩护者与好莱坞的制片人通常所以为的样子。

新柏拉图主义艰涩难懂。理查德·沃利斯（Richard T. Wallis）的《新柏拉图主义》（*Neoplatonism*，1995年）素有好评，读者可以尝试阅读。洛布古典丛书的《普罗提诺》第一卷收录了波菲利的《普罗提诺生平》（*Life of Plotinus*，1966年）。

第三部分

城市与市民：
地名辞典

阿布德拉

阿布德拉（Abdera）位于爱琴海北岸的色雷斯，距离希腊和土耳其边境西部100千米。卡瓦拉（Kavala）是附近最重要的现代港口城市。

阿布德拉曾是一座大城，占据重要地位，如今这个地方表面没有留下多少可观的东西。考古学家正缓慢地拨开积累了两千多年的渣土，揭露古代的道路和建筑轮廓，因此，这里将会呈现越来越精彩的景象。附近的阿夫蒂拉（Avdira）有一座小型博物馆，展品陈列蔚然可观，阿布德拉所发掘的古物也陈列于此，依据主题分类，标签说明使用英语。

公元前650年，克拉佐美纳伊（Clazomenae，靠近土耳其的博德鲁姆）的居民开辟阿布德拉古城。公元前544年，特奥斯（Teos，临近艾菲索斯）的大量居民逃离波斯军队，迁移到这座城市，他们的诗人阿那克里翁可能就在难民群里。接纳新人口之后，这个城市有了更大的拓展。阿布德拉以铸币的品质闻名于世，当地拥有优良的农作物与通往腹地的贸易路线，因此城市得以繁荣。然而，尽管西塞罗两次在信中用“阿布德拉”指代“愚蠢”（并且显然预设收信人理解这个同义词），阿布德拉最著名的特产却是哲学家（也许西塞罗指的就是哲学家？！），其中最伟大的是德谟克利特。除非有人坚持认为毫无名气的留基伯才是创始人（可能来自米利都），否则德谟克利特就是古代原子论的创始人，他用微粒解释自然世界的过程（参见第二部分第七章）。另一位阿布德拉的哲学家是普罗泰戈拉（公元前485—公元前411年），著名的智者之一。他的名言“人是万物的尺度”，既众所周知，又鲜有人理解。在《泰鄂提得斯篇》中，柏拉图企图诠释普罗泰戈拉的思想：

苏格拉底：普罗泰戈拉说，“人是万物的尺度，是所有存在的万物存在的尺度，也是所有不存在的万物不存在的尺度”。你读过他的书么？

泰鄂提得斯：是的，读过很多遍。苏格拉底：他的意思难道不是说，对你来说，万物是它们呈现在你眼中的样子，对我来说，是它们呈现在我眼中的样子，并且，你和我都是人？

泰鄂提得斯：是的。他是这么说。

苏格拉底：有智慧的人不会乱说话。那么，我们且来试着理解他的意思。同样的风吹来，可是，我们当中，一人感到凉意，另一人却没有。是风本身有凉意……还是我们各自的感觉？

至少，这是源自阿布德拉的哲学问题，巧妙地激发后人思考的灵感。

阿克拉伽斯

在罗马时代，阿克拉伽斯（Acragas）被称为阿格里真托姆（Agrigentum），现名为阿格里真托（Agrigento）。公元前580年，希腊人到西西里岛南部开拓这个海外定居地。这里雄丽的古神庙，位列希腊世界最壮观的遗迹，这个事实表明这座城市自始便很繁荣。阿克拉伽斯历经罗马与迦太基之间的数次战争，备受摧毁，但总能恢复生机。西罗马帝国陨落之后（公元410年，及至公元476年彻底终结），这座城市急剧缩小，只有老城堡依然作为简陋的定居地。

公元前5世纪有一段时期，阿克拉伽斯实行有限的民主政府，前苏格拉底哲学家恩培多克勒（Empedocles，约公元前492—公元前432年）在城中颇有声望，深受毕达哥拉斯、巴门尼德和色诺芬尼的影响。

亚历山大里亚

公元前331年，亚历山大大帝开创这座城市，他在埃及的继承人托勒密氏在此建立都城。最初及之后一个时期，亚历山大里亚依据希腊化模式组织民主政府。城中人口最终高达五十余万，之后四百年间，成为罗马帝国第二大城市。亚历山大里亚继续作为基督教中心繁荣，及至公元640年，阿拉伯人一举占领全城。

亚历山大里亚在思想史上举世闻名。然而，除了新柏拉图主义创始人普罗提诺这个显著的特例之外（公元205—公元269年，参见第二部分第九章），亚历山大里亚的名声并非源自此地出生或受教育的人，而是源自城里的博物馆和图书馆这两大机构，以及各地慕名前来的学者、科学家、数学家。

博物馆的机构和活动虽属于古代的小型规模，但颇接近现代大学或研究机构。博物馆由亚历山大的直接继承人托勒密一世和二世创办资助，此后一直得到托勒密王朝（克莉奥佩特拉是末代法老）和罗马皇帝的慷慨资助，尤其是哈德良。博物馆有数名领年薪的学者，一位馆长或首领，时常举办宴饮，吸引博学、有影响力的人物，诸如普鲁塔克、琉善、盖伦。约公元391年，博物馆被狄奥多西一世关闭，作为他在东罗马帝国强制推行基督教的措施。

图书馆也是托勒密王朝创办，这是与博物馆相分离的机构，但两座建筑大概位置邻近，都建在宫殿区域之内。据传，图书馆收藏宏伟，可能有近50万卷手抄本（相当于现代10万册书籍）。它最接近的对手是帕加马的图书馆，其馆藏仅20万卷。希腊化时期的图书馆为罗马的私人和公共图书馆提供先例。诚然，所有图书或被火烧，或发霉，或遭虫蛀，后来又成为新宗教的攻击目标。公元前48/47年，尤利乌斯·恺撒围攻亚历山大里亚的宫殿，图书馆在意外的大火中烧毁，但部分建筑似乎得以修复。

亚历山大里亚的古城大半掩埋在现代城市之下，今日可见的希腊化时期与罗马时代的遗迹，都位于街道平面5.5米以下。博物馆和图书馆的旧址尚有待确定。不过，在2009年8月的一则课堂笔记里，理查德·索拉比教授（Richard Sorabji）写道：

> 菲洛波诺斯（Philoponus，公元490—公元570年，杰出的基督教徒新柏拉图主义者）曾经授课的亚历山大里亚的多学科学校，其20间石砌讲堂在过去数年间已全部发掘。讲堂的保存状况惊人地完整，我们可以清晰地想见当时的教育多么发达，多么迥异于现代教育。石砌的座位围成马蹄形，至少能容纳30名学生，马蹄形背面设一方教授宝座。弧形设计让教授与学生们彼此看见。马蹄形的敞口，某人（接受测试的学生？）以最暴露的位置，站在讲台前，面对全班师生。讲堂内有一块石板，依然留有支撑讲台的地洞。

阿弗罗狄西亚

阿弗罗狄西亚（Aphrodisias）遗址位于艾菲索斯的正东方向，距离今日土耳其士麦那（Smyrna，现名伊兹密尔）230千米。除山巅的城堡，这座城市占据米安德河（Meander）水流排干后的平原地区。这里的废墟极为壮观，体育馆保存得近乎完美，堪比别处最辉煌的同类遗迹。肯南·特夫菲克·埃里姆（K. T. Erim）为这座遗址撰写的旅行指南文辞精湛、插图丰富。

阿弗罗狄西亚是古代小亚细亚的卡里亚王国（Caria）的文化和政

治中心。这里原是一个小定居地，公元前2世纪开始迅速发展。公元前88年，卡里亚王国拥护罗马，共同对抗庞度斯的国王米特里达梯六世。于是，之后三百多年里，这个小王国获得特权和自由。

阿弗罗狄西亚的著名人物有沙里顿（Chariton），创作西方首部小说《卡利罗亚》(*Callirhoe*)。这部小说从古代流传至今，故事的叙述时间跨越公元前50年—公元100年，充满旅行、预定的死亡、海盗、海难、奴役、风流韵事、结局幸福的故事。这些故事演变为小说体裁的主要特征。阿德拉斯托（Adrastus）在公元2世纪生于这个城市，他是较不知名的亚里士多德倡导者。作为亚里士多德的注疏家，阿弗罗狄西亚的亚历山大（Alexander of Aphrodisias）颇为著名，大约活跃于公元210年间，他有些希腊语原著得以保存，另一些则被译为阿拉伯语，并且至今只有这个语种的版本。

阿索斯

阿索斯（Assos）位于现代土耳其海岸，在爱琴海的东西走向的海岸线与特洛阿德地区南端的交会点。城北是连绵的山脉，耸立着赫赫有名的主峰伊达山，南面11千米外，就是希腊的莱斯沃斯岛。事实上，阿索斯是莱斯沃斯岛的麦提姆纳城（Methymna）居民在公元前7世纪开拓的定居地。阿索斯占据分跨沿海道路的重要位置，拥有坚固的军事防御，在科学研究的历史上有过辉煌的时刻（大约公元前340年）。然而，这座城市在历史上从未扮演过重要角色，而是跟随伊奥尼亚地区几乎所有城市一同沉浮起落，历经自由，波斯的统治，波斯总督之下的半自治政府，亚历山大的强行“解放”，臣服于亚历山大之后冲突频仍的继承人，服从罗马，归顺拜占庭，最后在奥斯曼帝国之时，这座城市终于彻底荒废。

这里保存着大规模的遗址，包括公元前4世纪的城市。最著名的遗迹是雅典娜-波丽亚斯神庙，建造年代早得出奇（公元前6世纪），许多早期较简陋的多利安式圆柱已被修复。今日的游人，若还能站立的，可以站在神庙前游目纵览莱斯沃斯岛的胜景；或者终于爬到山顶之后，请导游搀扶着观赏。独自登山的人，也许依然能感受伊欧里斯圣所（temenos）的冲击力。这里曾是古人邂逅神祇的地方。

阿索斯是斯多噶学派哲学家克里安西斯（Cleanthes，公元前331—公元前232年）的故乡。他师从斯多噶学派创始人芝诺，后来接管雅典的斯多噶学校游廊（参见第二部分第八章）。早些时期，另有一位更重要的人物赫米亚斯（Hermias），曾在柏拉图学园求学，与亚里士多德是同辈。伊奥尼亚名义上获得波斯宗主权之时，赫米亚斯成为阿索斯等地区的首领。柏拉图逝世后，赫米亚斯邀请亚里士多德（公元前384—公元前322年）携年轻的学友泰奥弗拉斯托斯（公元前372—公元前287年）到这里定居。公元前347—公元前345年间，亚里士多德和泰奥弗拉斯托斯带领学生，在阿索斯附近的海岸（以及莱斯沃斯岛曾经充满海洋生命的两大海湾，该两大海湾在20世纪90年代被过度渔猎）采集、解剖数百种标本，根据解剖学功能分类，自此开创海洋生物学、动物学和植物学（参见第二部分第六章）。他们的科学研究如此卓越，之后的两千多年里，人们都难以做出重大的改进（也参见莱斯沃斯岛）。

雅典

在古典时代，即约可推定为公元前547年波斯进入小亚细亚开始，至公元529年雅典的哲学学校全部被关闭为止，但凡有些文化、科学和哲学成就的人物，无不到亚历山大里亚、罗马或君士坦丁堡定居或逗留。然而，在所有古老的文化名城当中，最悠久的莫过于雅典。在伟大的哲学家中间，只有苏格拉底和柏拉图是雅典公民，苏格拉底（公元前469—公元前399年）来自隶属雅典的一个小镇，柏拉图生于雅典贵族世家。公元前367—公元前347年，亚里士多德在柏拉图学园求学，后来重返雅典授教，并创办哲学学校吕刻昂，但他不是雅典公民。

雅典其显赫的文化地位，源自这座城市的政治地位，源自柏拉图和亚里士多德创办的教育机构，以及亚里士多德逝世后30年间出现的斯多噶派的游廊和伊壁鸠鲁派的花园。柏拉图学园以各种形式留存至公元529年。事实上，考古学家新近发掘两间建筑地基，几乎可以肯定是达马希乌斯（Damascius）学校的最后地址。公元529年，7名自由思想家被查士丁尼逐出雅典，到波斯皇帝那里寻求庇护，达马希乌斯便是其中一人。

到雅典游览的人，经常借道比雷埃夫斯（Piraeus）。这里曾有一条长道，两侧筑造高耸的防御墙，连接海港与雅典城，如今只有无秩序的水泥路。尽管历经数世纪的荒废和劫掠，卫城依旧令人惊叹，帕特农神庙的列柱依旧具有举世最完美的比例。卫城山脚新建的博物馆极其出色，不过，观赏之时，最好跟随一名称职的导游。

雅典的历史书与旅行指南不可计数：请随意挑选！最早最有趣的记载出自帕萨尼亚斯（Pausanias）的《希腊志》（*Descriptions of Greece*）第一卷。这部著作成书于公元2世纪罗马治世的鼎盛时期，目标读者是罗马游客，结合历史叙述与准确的地貌描述。可敬的洛布古典丛书以平价发行了此书的英译版（1913年）。

卡尔西顿

卡尔西顿（Chalcedon）无甚特色，只是因为特拉叙马霍斯（Thrasymachus）生在这里，才获得一点知名度。特拉叙马霍斯是智者，活跃于公元前430—公元前400年，他的名望源自柏拉图的《理想国》。这篇对话讲述他的政治权力观点，认为正义就是服务于更强大者的利益。

卡尔西顿位于博斯普鲁斯海峡的亚洲海岸，公元前685年这个定居地开辟之时，海峡的欧洲海岸仍荒无人迹（17年后才出现拜占庭）。这个地理位置的选择如此欠缺周全的考虑，公元前440年，希罗多德写作之时不禁大为慨叹，说道："卡尔西顿人当时必定瞎了眼。"无论卡尔西顿古城留下怎样的遗迹，如今都已深埋在伊斯坦布尔的城郊。

希俄斯

希俄斯（Chios）是荷马的故乡。荷马一直被描述为盲眼诗人，至少有7座希腊城市认领他是自家的公民，希俄斯这座大岛则拥有最有趣、最悠久的宣言，企图赢得养育诗人的荣耀，却永远不可能得到。在认领权上，士麦那（现名伊兹密尔）与希俄斯势均力敌，但是希俄斯的所有权早已载入古老的《阿波罗颂歌》。这首诗创作于公元前560年。希俄斯人认为，它决定性地揭示了诗人的身世：

> 他们中间，谁是最动听的诗人？
> 谁让你们的心灵最欣喜？告诉他们：
> "一个盲人，住在岩崖硗确的希俄斯，是最动听的诗人；
> 他的诗句最高贵，将要永远流传。"

另一件事则更确凿：希俄斯是伊安的故乡（Ion，约公元前480—公元前421年）。伊安是多产的诗人、作家、戏剧家，名望仅次于雅典最伟大的作家。他的著作全都失传，只留下一些片段。

今日，除了依然野生又美丽的大山，有两个村落，是岛上幸存宝藏中的极品。梅斯塔（Mesta）的居民住宅筑有中世纪的防御墙，街道狭窄，似迷宫一般，城中许多街巷盖有拱顶。皮尔吉（Pergi）则有著名的压缩式建筑，住宅外墙绘制独特的刮擦技术装饰（sgraffito），呈现灰白相间的半几何纹样。还有偏远的希俄斯新修道院（Nea Moni monastery）。去那里看看，倘若有勇气，最好只身前去。修道院远离尘世喧嚣，几乎被世俗的宗教彻底地遗弃，却笼罩着一股古老祥和的神圣气息，依然吸引着虔敬的朝圣者，就像阿索斯、迦太基、卡纳克（Karnak）、埃夫伯里（Avebury）、巴比伦、德尔菲等宗教早已消失的那些更古老的圣地一样，曾经在辉煌时期吸引过无数崇拜者。

克拉佐美纳伊

克拉佐美纳伊（Clazomenae）位于爱琴海沿岸，距离现代土耳其的士麦那（伊兹密尔）西面37千米。由于拜占庭和奥斯曼帝国的建筑商大兴土木，普通人若没有考古学家的眼光，就会觉得岛上没有多少可看的古代遗迹。这里曾筑有堤道，连接大陆。关于克拉佐美纳伊，可读性较强的叙述可以参见乔治·埃沃特·比恩（G. E. Bean）的《土耳其的爱琴海地区》（*Aegean Turkey*，1989年）。

这座城市认领两位哲学家为自家的公民。一位是阿那克萨戈拉斯（约公元前500—公元前426年），他是最早在雅典定居的外籍哲学家，另一位是斯各皮里阿努斯（Scopelianus），公元2世纪一位不甚起眼的智者。

克尼多斯

克尼多斯（Cnidus，通常采用更接近希腊语的拼写“Knidos”）养育了许多杰出的公民，譬如，数学家与天文学家欧多克索斯（Eudoxus，约公元前390—公元前340 年），亚历山大里亚法罗斯灯塔（Pharos lighthouse）的设计者索斯特拉都斯（Sostratus）。这座灯塔的建造时间在公元前300—公元前280年，高达100米，竣工之后一直使用，及至1326年地震时倒塌。

若你到克尼多斯游览，眼前所见的古城实则造于公元前350—公元前310 年。它位于塞姆海湾（Gulf of Syme）自南往东近32千米处，是刨去老城的地基之后重新建造的城市。狭长的半岛将地中海与爱琴海相隔，新城造在半岛的西南端。这片遗址没有现代开发项目或住宅，两座海港（貌似岛屿的北部和南部区域，最后确实演变为半岛）过于狭隘，不能容纳在地中海无数港口进出的伪装为轮船的移动宾馆。

这里的遗迹优美，分布广泛。现代考古学家已确定圆形建筑（tholos）的地基。这类圆形建筑外部通常环绕石柱，建筑内部陈列古代最著名的雕塑，即普拉克西特列斯（Praxiteles）的阿佛洛狄忒（或称维纳斯），它曾经吸引无数希腊与罗马的游客。普拉克西特列斯活跃于公元前375—公元前330年。克尼多斯人迁进新城（坐落于黎凡特和埃及通往希腊世界的海上贸易路线），便立即购买这尊雕像。琉善的对话篇《爱》（*Amores*），大约作于公元200年之后，用新颖、别开生面的文辞描述同性恋，同时为这尊雕像及其背景提供精彩的叙述。你若游览这个遗址，这篇对话值得一读，参见洛布古典丛书《琉善》第八卷（1967年）。普拉克西特列斯的雕塑已佚失，但我们可以从摹品了解原作的外观。

科洛封

公元前545年波斯军队入侵之前，鼎盛时期的科洛封（Colophon）养育了一位伟人。人类试图理解宇宙的本性之时，就会提起他的名字，尽管他的著述仅留下数个片段。这位伟人就是色诺芬尼（参见第二部分第四章），最早构想既不似人也不似野兽的宇宙之神。他也是诗人，显然是最早系统地思考意见与知识之间的区别的人。他的出生时间大约在公元前580—公元前560年，波斯军队入侵时他离开了故乡科洛封。

科洛封位于艾菲索斯西北部，占据米安德河北部的一座山丘。城中居民的奢侈生活总是招致恶评（或妒忌？）。然而，波斯入侵之后，科洛封的重要性便衰落，最后连名字也转移到诺丁姆（Notium）定居地。正如游记作家弗雷亚·斯塔克（Freya Stark）所说："至于古城，无一物保存，连名字也未曾留下，只有杂草蔓生的险峭山坡旁，数截破碎的城墙仍留着数道刻痕。"其实，附近还有一个遗迹，也是属于科洛封，很值得观览。关于这个遗迹的状况，考古发掘和考察工作仍在积极地进行。这个遗迹便是克拉罗斯（Claros）的阿波罗神庙，曾经供奉神谕，位于科洛封南部，距离诺丁姆内陆约1.6千米。在这里游览之时，可以思考公元100年罗马史家塔西佗（Tacitus）写下的话："这里，一位男性祭司……听取求问者的名字和号码，只须这些信息，然后下到地穴，喝一口神秘泉井的水，然后以固定的韵文回答求问者心中想问的主题，尽管韵文的拼写和格律通常会被忽视。"（《编年史》II.54）请留意，他说下到地穴。

克罗顿

参见埃利亚

昔兰尼

昔兰尼（Cyrene）是北非海岸（今日的利比亚）最大的希腊海外定居地，大约创建于公元前630年，这座城市的周围地区被称为昔兰尼加（Cyrenaica）。昔兰尼虽相继臣服于波斯、埃及的托勒密王朝、罗马，并屡次遭受海盗劫掠和内陆利比亚人的攻击，然而，在古典和希腊化时期绝大部分时间里，这座城市一直繁荣，甚至在公元7世纪阿拉伯人入侵后依然存活一段时间。

昔兰尼养育众多著名人物，其中一人的名声颇为可疑。此人是阿里斯提波（Aristippus），他是苏格拉底的同伴，色诺芬说他荒嬉娱乐之事。但是这座城市也养育了两位真正的伟人。第一位是卡利马科斯（Callimachus），活跃于公元前285—公元前240年，属于最雅致、最多产的希腊诗人行列，他的大半人生在亚历山大里亚度过。卡利马科斯的诗歌仅有一小部分流存至今，其中有一行诗，在威廉·约翰逊·科瑞（W. J. Cory）的英译本里千古流传："他们对我说，赫拉克利特，他们对我说，你死了。"（They told me, Heraclitus, they told me you were dead.）第二位人物是卡涅阿德斯（Carneades，约公元前214—公元前129年），掌管雅典柏拉图学园的"怀疑主义"时期。也就是说，这个时期的学园更关注哲学批判的技术，而非探讨或传播哲学思想（对比20世纪50年代的牛津大学）。卡涅阿德斯既是伊壁鸠鲁派和斯多噶派的强大的批判者，也积极地攻击任何正面意见。他在世时享有极高的声誉，但未留下任何著述。他的论辩通过门生和对手的转述而留存。

埃利亚

大约在公元前540年，希腊大陆南部城市的居民来到意大利海岸，在帕埃斯图姆著名的神庙圣地60千米外开辟一片定居地，名为埃利亚（Elea）。埃利亚现名为卡斯特拉玛雷（Castellamare），它是公元前7世纪至公元前5世纪之间希腊人到海外开拓的无数定居地之一。这些定居地统称为“大希腊”（拉丁语Magna Graecia，希腊语Megale Hellas）。除埃利亚，另有前往尼亚波利（那不勒斯）、塔兰托姆（现名塔兰托）、克罗顿（现名克罗托内，位于意大利靴尖东南海岸）、锡巴里斯（Sybaris，位于克罗顿北面，英文词语“sybaritic”源自这个地名，意为放纵的奢侈生活），还有西西里岛的阿克拉伽斯、锡拉库萨（Syracuse，公元前413年，在伯罗奔尼撒战争之中，斯巴达盟军在此击溃雅典军队，这里也是古代最伟大的数学家阿基米德的故乡）。

这些海外定居地关涉着希腊及后世思想中极具影响力的两大流派：毕达哥拉斯派和埃利亚学派（或巴门尼德派）。毕达哥拉斯生于萨摩斯，大约在公元前530年迁到克罗顿（参见第二部分第四章）。埃利亚的巴门尼德，大约活跃于公元前480年，最早提出变化的本质这个严肃（却可能无法解决）的问题。芝诺也是来自埃利亚，提出数个至今让人烦恼的运动悖论，更明确地界定变化的问题（参见第二部分第四章）。

艾菲索斯

艾菲索斯（Ephesus）先是一座古老又重要的希腊城市，继而是罗马亚洲行省的总督府，但未曾滋养任何重要的哲学流派或科学研究传统。然而，这个城市养育了一个著名的前苏格拉底哲学家：玄者赫拉克利特。他的格言式著述保存有一些片段，大约可以印刷为8页现代书籍。赫拉克利特的文辞相互关联、紧凑、玄奥、专断、挑衅。最著名但并非最好的一句话："无人两次踏进同一条河。"赫拉克利特大约活跃于公元前480年（参见第二部分第四章）。

艾菲索斯的希腊化、罗马、拜占庭时期的遗址，每年吸引数万游客。修复工程除了极少数丑陋者之外都很精湛，尤其是塞尔苏斯图书馆（Celsus Library）和一座剧院。为了保护遗迹，修复者为带露台的住宅加盖屋顶。这些遗迹堪比庞贝古城，绝对值得去一趟，纵使花费额外的门票也值得。最令人失望是一个长方形的深陷区域。这里曾是阿尔忒弥斯神庙，被列入古代世界七大奇迹。这个遗址的陈列极其糟糕，丝毫没有呈现这座建筑曾有的气象。雄伟的神庙如今是杂草丛生的荒地，这一半是由于神发动的数次地震，一半是归咎于基督教徒这种人为的摧毁。正如某位不知名的早期基督教徒所言："借由基督和神学家约翰的恩典，如今这里是最荒芜最凄凉的地方。"

《艾菲索斯：新的旅行指南》（*Ephesus: The New Guide*）是一部出色的旅行手册，由彼得·谢乐编辑，奥地利考古研究所授权。艾菲索斯博物馆收藏了一些精美的考古发掘，包括"小"阿尔忒弥斯。这件雕塑面部具有强大的魔力，你若见过，就永远不会忘记。馆藏还有斯多噶派哲学家皇帝马可·奥勒留的一尊胸像，雕工精湛，保存近乎完美。

哈利卡那索斯

无论是游人，还是乘船或乘飞机的旅客，途经土耳其西南部之时，几乎必须要去哈利卡那索斯（Halicarnassus），也即现代的博德鲁姆（Bodrum）。过去50年间，现代城市的水泥已延伸至古城的山坡下，这里俨然成为游艇港口的商业区。今日依然可见卡里亚国王摩索拉斯

（Mausolus）的雄伟的墓葬神庙（摩索拉斯王陵），这是唯一一样十字军无法搬走用来建造自己的城堡的东西了。王陵的地基已经过大规模的考古发掘。眼光专注的文物收藏家，仍能看到摩索拉斯的姊妹阿妲（Ada）明智地“领养”亚历山大大帝之时便存在的城墙。大剧场早已消失，市集广场的遗址也找不到踪迹，然而，此地出生的两位伟大史家的名字却永远不会湮灭。一位是希罗多德（约公元前490年—公元前425年），另一位是哈利卡那索斯的狄奥尼修斯，公元前30年开始在罗马生活，及至公元8年之后。

希罗多德是最早的批判性史家，为我们留下关于波斯战争和公元前5世纪地中海东部社会状况的珍遗无价的信息。狄奥尼修斯的巨著《罗马古事记》（*Roman Antiquities*）虽已遗失后半部分，但残存的文本为我们提供了罗马早期历史的详尽记载。

十字军城堡也值得观览，途中有一间露天餐馆，鲜鱼十分美味。

赫库兰尼姆

赫库兰尼姆（Herculaneum）位于现代那不勒斯东南8千米外的海岸，可能更应该被视为庞贝城的繁华郊区。公元79年，这里也遭受维苏威火山的厄难。掩盖着赫库兰尼姆城的火山灰硬化为岩石。继而，岩石上逐渐搭起那不勒斯的贫民窟。今日，游人可以走下陡峭的山坡，走进部分发掘的罗马小镇和古老的海滩。只是，游人难以看到大多依然埋在地下的文学和文化宝藏，譬如，被称为“纸莎草别墅”（Villa of the Papyri）的大宅。这个住宅包括菲洛德穆斯（Philodemus）的图书馆，或者至少保存他的部分藏书。菲洛德穆斯是重要的伊壁鸠鲁派哲学家和诗人，大约活跃于公元前75—公元前50年。菲洛德穆斯在公元前110年生于叙利亚的加大拉（Gadara），卒于公元前35年。遗憾的是，别墅里发掘的数百卷纸莎草手抄本已被火山灰碳化，形似一堆煤块。饶是如此，研究者以无尽的耐心和学术能力，再加上现代电子技术，在灰烬里描摹字母的墨迹，恢复了已消失的抄本，其中包括菲洛德穆斯、伊壁鸠鲁、斯多噶派的克利西波斯等人的著作。今日的年轻人或许可以期待某天阅读这些早已遗失的古代思想，尤其是伊壁鸠鲁的杰作《论自然》。年迈者如我们大抵只能以人性最熟悉的古怪方式感慨，我们永远也看不到那些注定很快就会永远忘记的东西。

科斯

科斯岛地方幽静，在历史上微不足道，位于科尔梅海湾（Ceramic Gulf）西岸，是土耳其大陆西南部最后一个也是最凸起的海湾。朝北数英里外，就是古代的哈利卡那索斯（现名博德鲁姆）。科斯岛自称有一个荣耀，但没有充足的史实证据。据说，“医学之父”希波克拉底（Hippocrates，约公元前460—公元前370年）出生在这里，也在这个地区行医。除他的（或者“他们的”，因为他的著述实是后人收集希波克拉底的医学论著）医学药方，今日的行医规范也吸收“希波克拉底誓词”的思想。这个誓词常被提及，却很难在一部著作里找到出处。因此，为方便阅读，我在此复述全文。誓词开头是“我以医神阿波罗和阿斯克勒庇俄斯起誓……敬重教我医术者，与同行医师分享我的知识”，接着：

> 我会在我的能力与判断所及的范围之内，使用有益于病人的疗法，并阻止病人接触有害或不义的疗法。我不给他人

> 致命的药物［即毒药，并不意味着反对安乐死］，不指导他人服用有害药物。同样地，我不用危险的阴道栓剂法为妇女堕胎……我不执行外科手术，尤其不为结石病患者开刀，而是让于专门从事此业的行家［外科医生］。无论走进多少人家，我只为患者利益而去，远离所有自愿的、破坏性的不义行为，尤其远离与女性和男性身体发生性行为，包括自由人和奴隶。治疗之时任何见闻或治疗以外的见闻，我将保持沉默；病人私事决不张扬，视其为神圣，决不对他人讲述。

无论希波克拉底是否来自科斯，可以肯定的是，这个岛上有一处地方，属于古代著名的疗养胜地。这里供奉仁慈的医神阿斯克勒庇俄斯（Asclepius，拉丁语拼写Aesculapius），筑有神庙和神圣的露台。根据现存祈愿供品的铭文，再依据此地名声远扬的埃留斯·阿里斯提德斯（Aelius Aristides，公元2世纪著名的疑病症患者），医神的灵验不亚于卢尔德圣地，大概也是结合信仰、希望和温和药物的疗法。

阿斯克勒庇俄斯圣所位于科斯城外数千米的地方，露台筑在松林茂密的山坡，面朝小亚细亚的大海。今日，这里依然弥漫着静谧和疗愈的气氛。在被劫掠之前，这片圣地是希腊化时期建筑的杰作，有一道壮阔的阶梯通向公元前2世纪筑在山顶的多利安式神庙（也参见帕加马）。

莱斯沃斯岛

莱斯沃斯岛（Lesbos）是希腊第三大岛屿，仅次于克里特岛和优卑亚岛（Euboea）。这座岛屿距离土耳其大陆数千米，位于帕加马的西部，阿索斯的南部。岛上有数座高达900余米的山峰，山脚的平地大多格外肥沃。就地理和生物学的起源来说，卡洛尼湾（Kalloni）和格拉湾（Gera）是此地最有意思的地方。格拉湾简直形似环礁湖。这个岛的历史也饶有兴味，通贯整个古代，一直在政治上保持半独立，并在海上贸易占据显著地位。然而，莱斯沃斯岛最大的名望则是源自萨福（Sappho，大约生于公元前612年），以及古典时代最伟大的一大哲学家和科学家泰奥弗拉斯托斯（参见第二部分第七章）。

依据古代文献关于萨福的评论和引文，她必是卓荦不群的诗人，十分高产。现存只有两首完整的诗歌，还有无数残诗，大多出自20世纪发现的埃及纸莎草抄本。萨福开创热烈的情诗传统，述说的对象通常是女性，但从不涉及亲密的身体关系。这座岛的名字作为女同性恋的同义词，至今仍在流传，这一关联可能源自诗人阿那克里翁（大约在公元前570年生于特奥斯）。

泰奥弗拉斯托斯是柏拉图的门生，与亚里士多德同时在学园求学。两人成为同事，一起在格拉湾研究海洋生物。亚里士多德逝世之后，泰奥弗拉斯托斯接管吕刻昂（亚里士多德的研究机构）。他在生物科学研究方面作出重要贡献，提出我们今日称为心理特征的人类典型特征。泰奥弗拉斯托斯原本可以获得更大的名望，可惜他的绝大部分著述已失传，并且不幸生在与巨擘亚里士多德相近的时代（参见第二部分第五章）。

伊壁鸠鲁曾在莱斯沃斯岛授课，大约在公元前318年间米蒂利尼的某个学校。

米利都

这座城市如今只是一个海岛遗址，位于艾菲索斯南部50千米处。过去三千年间，米安德河冲上大量泥土沙砾，以至于曾经盛大的海港，如今变成海拔15千米的山丘，山脚是一片辽阔的沼泽地，轮廓模糊、水质微咸，还有平坦的农田。现代公路笔直地穿越这片重新开垦的土地，通往公元100年间以罗马风格建造的宏伟剧场（观众席呈现近乎完美的半圆形，而非希腊的马掌形）。我们须极尽想象之力，才能想见这片土地曾是汪洋大海，米利都今日的主要港口曾是一片海澳，就位于你眼前的剧场的左侧和后方。泥沙淤积导致城市衰落。衰落的过程大约始于公元3世纪中叶。米利都的起源极为古老，比特洛伊战争更遥远（现代推断为大约公元前1250年）。荷马称这座城市为特洛伊的盟军。从公元前7世纪至公元前6世纪，这座城市打造了强大的水师，出海开辟定居地，在欧克辛斯海（黑海）、普罗庞提斯（马尔马拉海）设立贸易站。因此，希罗多德形容米利都"运势兴隆，是伊奥尼亚最美的装饰"。然而，即便在公元前6世纪中叶，吕底亚末代国王克罗索斯（俗语说，"富似克罗索斯"）颇无害地掌控伊奥尼亚大部分地区之时，米利都仍保留大半实权，决定本城的事务。至公元前499年，米利都极不明智地怂恿伊奥尼亚起义，反叛波斯帝国的统治，才彻底地丧失独立。公元前494年，这场起义在拉德海战（Battle of Lade）遭受毁灭性的失败（拉德曾是一个小岛，现今只是米利都周围泥沙淤塞的一个隆包）。海战之后，波斯人摧毁米利都，将城南16千米外的狄迪玛神谕和通往神谕圣地的圣道统统焚烧。今日，我们在狄迪玛所看到的废墟，这座庄严的古代圣地，其实是公元前300年间开始修造的"新"神庙。

波斯人的报复结束之后，米利都得以重建，但未能恢复公元前546年曾经拥有的权势。波斯与雅典在伊奥尼亚地区争夺权力之时，灾祸也波及这座城市。之后，米利都在拥护波斯或马其顿之间迟疑不决，最后被亚历山大大帝强行“解放”。公元前129年，米利都纳入罗马的亚洲行省。现存许多遗址源自希腊化时期，譬如议事厅，但绝大多数属于罗马时期，或者希腊化时期的原型经由罗马人改造。公元51年，圣保罗造访米利都；公元263年，哥特人入侵小亚细亚，攻袭米利都之时，阿波罗在狄迪玛施行奇迹。现今可见一座拜占庭时期的堡垒，位于剧场背后，并且部分矗立在剧场上方。这里没有任何现代开发项目。

泰勒斯、阿那克西曼德和阿那克西美尼的非凡推想，开启人类对自然的科学探索。这些成就可以追溯到米利都的鼎盛时代，大约在公元前625—公元前546年（参见第二部分第三章）。稍后时期，这座城市养育了赫卡泰奥斯（Hecataeus），大约活跃于公元前500年间。赫卡泰奥斯最早记载地中海东岸的历史地理，他的头脑十分审慎：“我写下这些在我看来似乎是真的事；因为希腊人所相信的很多传说，在我看来都是愚妄。”米利都宣称希波丹姆斯（Hippodamus）生于此地。他是比雷埃夫斯的城市规划师，今日的普里埃内和纽约都可见到他的棋盘式街道规划，同样的模式在米利都的剧场背后依然隐约可见。留基伯的故乡可能也在米利都，但这位人物似乎只是一个传说，尽管他很可能是原子论的最早开创者。

米利都是迷人的观光胜地，与欧洲科学的起源具有紧密的关联。在这里，有个古人的描述很值得复述。这份描述出自罗马时代的希腊地理学家斯特拉波（Strabo，公元前64年—约公元21年）：

> 在古老的米利都坐落的地方，克里特人来得最早，开辟定居地，修筑防御工事……然而，今日的防御城墙和堡垒是后来的涅琉斯（Neleus）及其随从筑造……今日，这座城市有四

座海港，有一座可容纳一支舰队……这些人已在欧克辛斯海［黑海］各地开辟定居地，还有普罗庞提斯［马尔马拉海］……许多著名人物来自米利都：古代七贤之一泰勒斯，最早研究自然与数学的希腊人，他的学生阿那克西曼德，后者的学生阿那克西美尼，还有赫卡泰奥斯撰写历史地理……然而，这座城市命运多舛，因为它与哈利卡那索斯一样，将亚历山大拒在城门外，因此被武力攻破；再者，在这次厄运之前，它已被波斯征服。

这段引文出自斯特拉波《地理学》第十四卷。《地理学》第十三、十四卷包含许多引人入胜的景观描述，今日，你若从特洛伊前往罗德岛或者东去，途中依然可以看见这些景点和遗址。参见精美的洛布古典丛书《斯特拉波作品集》第六卷。强烈推荐！

奥伊诺安达

奥伊诺安达（Oinoanda，“Oi”发音似“boy”的元音）难以在地图上找到，现实中也不易找，更难在书中读到，无论是古时或今日的著作。这个小城位于费特希耶（Fethiye）东北20千米外，坐落在伊切阿利勒（Incealiler）山顶，靠近费特希耶—瑟于特公路跨越赞瑟斯河的交界。在公元前2世纪之前，奥伊诺安达似乎没有历史，尽管这里依然保存希腊化时期的一些城墙，外形壮丽可观，但主要的防御工事属于较晚时期，在罗马治世走向衰落，哥特人势欲侵略之时修筑。

进城的山道漫长又陡峭，路面崎岖多石。古老的遗址呈长方形，位于山顶，如今已是荒草丛生，大多建筑在地震中损坏，摇摇欲坠，却依然美得让人心跳。登上山顶之后，你可以走上伊切阿利勒村左侧的小道，迎面会看到一堵墙，别上当，翻墙过去。这不是城墙，而是从南部来的引水渠。深入的考古发掘项目仍在等候审批，遗址附近有武装保安在巡逻，防止文物被劫掠。

奥伊诺安达未曾出产任何显著的东西，只有一件具有重要哲学意义的文物。大约在公元130年，有个名叫第欧根尼的居民，出资在墙头（大概是市场广场）雕刻一篇铭文，全文计约25000字。这是古代最后一份权威性的伊壁鸠鲁派哲学诠释文献。这篇铭文可能保存了150年，后来墙壁砌石被拆，用来筑造防御工事和其他建筑。如今，这些刻有铭文的残石四处散落，杂乱堆垒，有些已遗失，有些已碎裂，也有些埋入地底，从而构成世上最沉重、最重要的拼图游戏。这篇铭文现已修复6000余字，大部分归功于杜伦大学的马丁·史密斯教授（参见第二部分第七章）。

帕加马

帕加马在希腊化与罗马时期颇为富饶，并占据重要地位，拥有图书馆、学校和壮观的政府建筑，然而，这里仅养育一位真正著名的人物：盖伦。他是伟大的解剖学家、医师和博学家。在事业的巅峰时刻，盖伦担任马可·奥勒留皇帝的宫廷医生。尤利安努斯，未来的皇帝，也是最后一位公开反对基督教的实力派，在公元351年之后曾在帕加马学习新柏拉图主义。

帕加马现名贝尔加马（Bergama），位于土耳其大陆，地处莱斯沃斯岛正东方向约27千米的内陆。色诺芬的《远征记》（*Anabasis*）结尾提起这座城市。这是帕加马初次出现于希腊文学。色诺芬的记载涉及公元前400年的历史事件，生动地描述一万希腊雇佣军如何取道安纳托利亚和黑海，逃出美索不达米亚的困厄。在《伊奥尼亚：一种追寻》里，游记作家弗雷亚·斯塔克言简意赅地转述这则故事：色诺芬抵达帕加马之时，身上几乎一无所有。对此，但凡曾在亚洲旅行的人，都会深有体会。在旅店老板娘的怂恿之下，也是因为一些吉兆，他企图俘虏一个波斯人，此人携带家眷和财产住在山下的平原。结果却并不如人意，波斯人仍活着，色诺芬返回家乡雅典，身上仍一无所有。

亚历山大的帝国被分割之后，涌现许多富有的小王国，帕加马便是其中一个。欧迈尼斯二世（Eumenes II，在位时间公元前197—公元前159年）大手笔地修整市容，彻底进行希腊化重构。在罗马时代，帕加马虽在政治上服从艾菲索斯，却能继续建造宏伟的公共建筑：浴场、神庙、城墙、市集广场，很多建筑现今保存为庞大的遗址。但游人须改道去柏林，才能看到帕加马最精湛的遗迹，即宙斯大祭坛（Altar of Zeus）。

阿斯克勒庇俄斯神庙（参见科斯岛）位于山脚，距离城中心有些遥远。这片圣所地面广阔，包括一间医院，一座神庙，一间柱廊，一座小型剧场，一间体育馆，可谓是古典世界名副其实的疗养中心。

普里埃内

无论在希腊化时期或其他任何时代，普里埃内（Priene）都未能诞生具有重要历史意义的人物。饶是如此，由于两个原因，这座城市依然值得游览。

首先，这个遗址坐落在米安德河泥沙淤积的河口高地，你的目光越过平坦似海的田野，望见对面西南方的米利都，视野开阔，你若能将田野想象成大海，就仿佛可以看见这座城市曾经的面貌。

其次，普里埃内是现存最佳的希腊化城市典范（参见第一部分第二章）。罗马人大概任由这座城市与世隔绝，丧失其重要地位。然而，考古学家已搬移拜占庭时期的碎石瓦砾，揭露希波丹姆斯模式的街道（参见米利都）。城中的房屋整齐划一、大小适中，具备一座雄心勃勃的希腊化城市应有的全部设施：神庙、剧场、体育馆、议事厅、市集广场、城墙和难以进出的山巅堡垒。

公元前2世纪之后，普里埃内为何不再继续发展？首先几乎可以确定的是，米安德河泥沙淤积，掩埋海港，城市的对外贸易和交流因此被中断。四百年后，米利都也遭遇类似的泥沙淤塞。老海港的遗址至今仍未发现，想必掩埋在平坦的田野与现代普里埃内所坐落的内陆山丘的交界。

罗德岛

罗德岛（Rhodes）是希腊最大的岛屿，靠近现代土耳其西南部曾属于卡里亚王国的地方。这座岛屿的历史可追溯到公元前16世纪，米诺恩人（克里特人）在此开辟定居地。自此以后，这里的发展便追随一个熟悉的模式：先成为迈锡尼人的海外定居地，在黑暗时代成为多利安民族希腊人的定居地（他们自己前往他方开辟据点），继而演变为独立城邦（罗德岛最初有三个城邦），公元前490年服从波斯，继后摇摆不定，时或投靠雅典，时或投靠斯巴达，与亚历山大大帝的继承者保持时断时续的独立状态。罗马人入侵之时，这座岛最初全力协助之，继而三心二意，最终在公元前164年与罗马这个庞大的权势结盟，罗德岛设立宗主权，在半民主的政府之下昌盛起来。

公元前408年之前，以罗德城为首的联盟政府成立时，罗德岛有三个独立城邦：林多斯（Lindus）、伊阿利苏斯（Ialysus）和卡密拉斯（Camirus）。罗德古城现今多半掩埋在中世纪圣约翰骑士团的堡垒之下，但数截城墙、山顶的堡垒和墓园依然可见。

罗德岛的阿波罗尼奥斯（Apollonius of Rhodius）可能出生在这座岛上，至少可以肯定的是，他去亚历山大里亚定居之前，确实在此生活很长一段时间。公元前270—公元前245年，阿波罗尼奥斯成为亚历山大里亚图书馆的馆员，创作著名史诗《阿尔戈英雄纪》（*Argonautica*）。好莱坞改编这部史诗，拍摄伊阿宋寻找金羊毛的冒险故事，一直极受欢迎，反复重播。

在思想史上，罗德岛因为斯多噶派的重要学校而知名（参见第二部分第八章）。伟大的帕奈提乌斯（约公元前185—公元前109年）来自这里，尽管他的大部分人生在罗马或雅典度过。及至公元前2世纪末，罗德城已成为斯多噶派的哲学中心。波西多尼乌斯（约公元前135—公元前51年）在这里授课，西塞罗是他的门生。我们得以阅读西塞罗的导师们的言论，完全归功于他的记载。（顺便提及，西塞罗是最早一位我们确切知道生卒时间的古人，他生于公元前106年1月3日，卒于公元前43年12月7日。）当然，到罗德城求学的罗马人，不止西塞罗一人，正如现今海外有钱有势者依然涌向哈佛或牛津，他们既追求教育品质，也是为能够宣称自己到过这里。

罗马

在开创和传播改变世界的哲学与科学思想方面，有五个名字最易让人联想到罗马。这些名字是西塞罗（公元前106—公元前43年）、卢克莱修（约公元前98—约公元前55年）、塞涅卡（约公元前4年—公元65年)、爱比克泰德(约公元50—约公元120年)、马可·奥勒留。

马库斯·图留斯·西塞罗是演说家、政治家和作家。我们得以了解公元前2世纪希腊哲学家的思想和观点,完全归功于他最早的拉丁语记载,否则,这些思想可能早已遗失。在人生最后三年,西塞罗为打发时间,写下七部著作:《学园派》(*Academica*)探讨卡涅阿德斯的观点和“怀疑主义”时期的柏拉图学园,《论道德目的》(*De finibus*)论述各大哲学家对于“最高的善”的不同观点,《图斯库路姆论辩集》(*Tusculan Disputations*)讨论幸福的本质,《论神性》(*De natura deorum*)探讨斯多噶派、伊壁鸠鲁派和怀疑主义者关于神或诸神的本质和存在的论述,另有《论命运》(*De fato*)、《论占卜》(*De divinatione*)和《论责任》(*De officiis*)。这些著作是宝贵的信息资源,很多章节十分可读。可以尝试阅读《论神性》,1779年大卫·休谟出版《自然宗教对话录》之前,欧洲世界没有第二部思想如此开明,论述如此客观公正的作品,而休谟的榜样正是西塞罗。

卢克莱修的《物性论》(*De rerum natura*,英译本题名通常为“On the nature of the universe”,参见第二部分第七章)可以说是写作史上最具影响力的诗歌,为伊壁鸠鲁派的原子论提供完善又精彩的陈述。

塞涅卡和马可·奥勒留都在各自的时代执掌罗马帝国,前者是首席执政官,后者是罗马皇帝,两人皆以恢奇又浅近的文辞,讲述如何在现实生活,甚至在人类权力的巅峰,应用斯多噶派哲学。爱比克泰德曾为奴隶,获得自由之后,在罗马讲授斯多噶派哲学。

人们为罗马及其历史写下无数文字。读者可以继续阅读爱德华·吉本的《罗马帝国衰亡史》,这部著作仍是最好的英语读物之一。

萨摩斯

萨摩斯（Samos）养育了三个伟人，前两位人物的名字几乎传遍世界各地，第三位则较无闻，尽管原本可能比哥白尼更著名。第一位是传奇人物毕达哥拉斯（大约在公元前570年诞生），可能生于萨摩斯岛，但迁移到大希腊地区的埃利亚，并在那里留下深远而悠久的影响（参见第二部分第四章）。第二位是伊壁鸠鲁，生于萨摩斯，其父是教师，拥有雅典公民身份，公元前307年到雅典定居（参见第二部分第七章）。第三位是天文学家阿利斯塔克（Aristarchus，生于公元前315年，卒于公元前280年后）。在其论述大数字的出色著作《数沙者》（*The Sand Reckoner*）中，锡拉库萨的阿基米德（Archimedes of Syracuse，生于公元前212 年）记载，阿利斯塔克最早提出"真正的宇宙比所谓的宇宙大数倍。他假设已知的星辰与太阳静止不动，地球围绕太阳以圆周长旋转 [并移动]"。革命性的科学理论须播种在有能力栽培的环境里，可惜阿利斯塔克的假设出现得太早。这个假设在当时难以计算，地球的旋转似乎并不符合人们的经验（大气层似乎不随着地球一同旋转）。

萨摩斯岛方圆面积大约471平方千米，与土耳其大陆仅隔一条1.6千米宽的海峡。古老的邻居有北面的艾菲索斯和南面的米利都。

萨摩斯城虽十分古老（大约可以追溯到公元前10世纪），却也历经我们所熟悉的独立与征服的循环，相继臣服于波斯的统治，结盟雅典，被亚历山大强行解放，最终在罗马统治下获得管理当地事务的自由权利。公元前129年，萨摩斯城纳入罗马亚洲行省。这里有两处著名的古迹：城市守护女神赫拉的圣所（Heraion）和尤帕利诺斯隧道（the tunnel of Eupalinos）。

赫拉圣所屡次整修扩建，只是如今的外观颇令人失望，仅剩余地基、残损的砌石和一截修复过的圆柱。你要寻找内行的向导一同游览，躲避那些对文物关怀备至的警卫，他们似乎认为我们的屁股轻轻一坐，就会严重地损坏某块碎石。

尤帕利诺斯隧道则完全不同。隧道挖通一座山，筑造引水渠。隧道约一人高，一侧凿出狭缝引水。全长约1千米，全程笔直，从两端同时相向施工，两个工程的衔接几乎完美无瑕。至于如何实现这个非凡的工程，你的推想大抵不会逊于学问最精深的考古学家。隧道的开凿时间大约在公元前500年，谈论隧道的施工状况之时，有人会嘀咕毕达哥拉斯的名字。然而，无人确切地知道真相。

斯塔基拉

斯塔基拉（Stageira）是一个卑微的小城，只是因为亚里士多德生在这里，从而名垂千古（参见第二部分第六章）。公元前348年，马其顿的腓力二世攻陷这个小城，但是，出于对亚里士多德的敬意，他下令重建城市，因为亚里士多德当时担任其子的老师，正在教育终将结束波斯对希腊人统治的亚历山大大帝。

希腊大陆有一块三指手掌形的土地，在爱琴海北岸突兀，斯塔基拉便位于这块土地的东面，靠近马其顿与色雷斯的交界。斯塔基拉是一个孤立的海角，三面环海，公元前5世纪筑起一堵城墙，将小城完全封闭。纵使在海角朝向陆地的狭隘地带，墙垣也高达3.5米，厚2米。在腓力二世的攻击之后，这个城市显然存活下来，但是未能恢复繁荣，及至奥古斯都时期，新千年更迭之际，斯塔基拉彻底荒废。这个遗址荒凉、偏僻，但保存状况甚好。

特洛伊

关于特洛伊这个宏大的主题，我所知的一点微薄信息，已在开头的主要两章说尽。尽管确实难以看清，但有眼力的人依然能够在遗址找到《伊利亚特》故事的痕迹。一定要跟随好向导。你若自己信步行走，这个遗址大概会让你觉得毫无头绪。进入景区时，请努力忽视那匹木马：这个故事甚至没有出现在《伊利亚特》。你放眼眺望特洛伊平原之时，也许是站在雅典娜神庙的平台上，试想象眼前的平原是一片海湾，西面耸立着西吉昂山脊（今日依然如旧），阻隔爱琴海，北面敞向赫勒斯海峡。希腊舰队想必从北方驶来，停靠在西面的西吉昂山脊脚下。

穆斯塔法·阿斯金（Mustafa Askin）的旅行指南极为有用，他本人也是。如果你能找到的话。